あなたメッセージとわたしメッセージ

（→P.54）

あなたメッセージ

生徒が私語をするので、授業が進められず、イライラする
記号化
「あなた
静かにしなさい」
解読
自分はうるさがられた（きらわれた）
教師
生徒

わたしメッセージ

生徒が私語をするので、授業が進められず、イライラする
記号化
「おしゃべりされると、授業を進められなくて、わたしがイライラするの」
解読
あっ、先生はイライラしている
教師
生徒

（教師学の方法）

能動的な聞き方 （→P.83）
介入的援助
プロセス・コンサルタント

宣言のわたしメッセージ （→P.70）
予防のわたしメッセージ （→P.72）
肯定のわたしメッセージ （→P.73）

環境改善 （→P.171）
対決のわたしメッセージ （→P.58）
第三法（勝負なし法）（→P.115）
価値観の対立を解く方法 （→P.151）

①　行動の問題解決
②　コンサルタントになる
③　価値観に影響を与える
　　わたしメッセージ
④　模範を示す
⑤　自分を変える
⑥　祈る

能動的な聞き方

この宿題
できません
宿題が
できないので
困っているのね

肯定のわたしメッセージ

あなたの笑顔を
見ると、先生は
ほっとするよ
えへっ！
てれちゃうけど
うれしい

第三法（勝負なし法）

ぼくは
AとBとD
先生は
BとCとE

教師学で学ぶ方法

（行動の四角形）

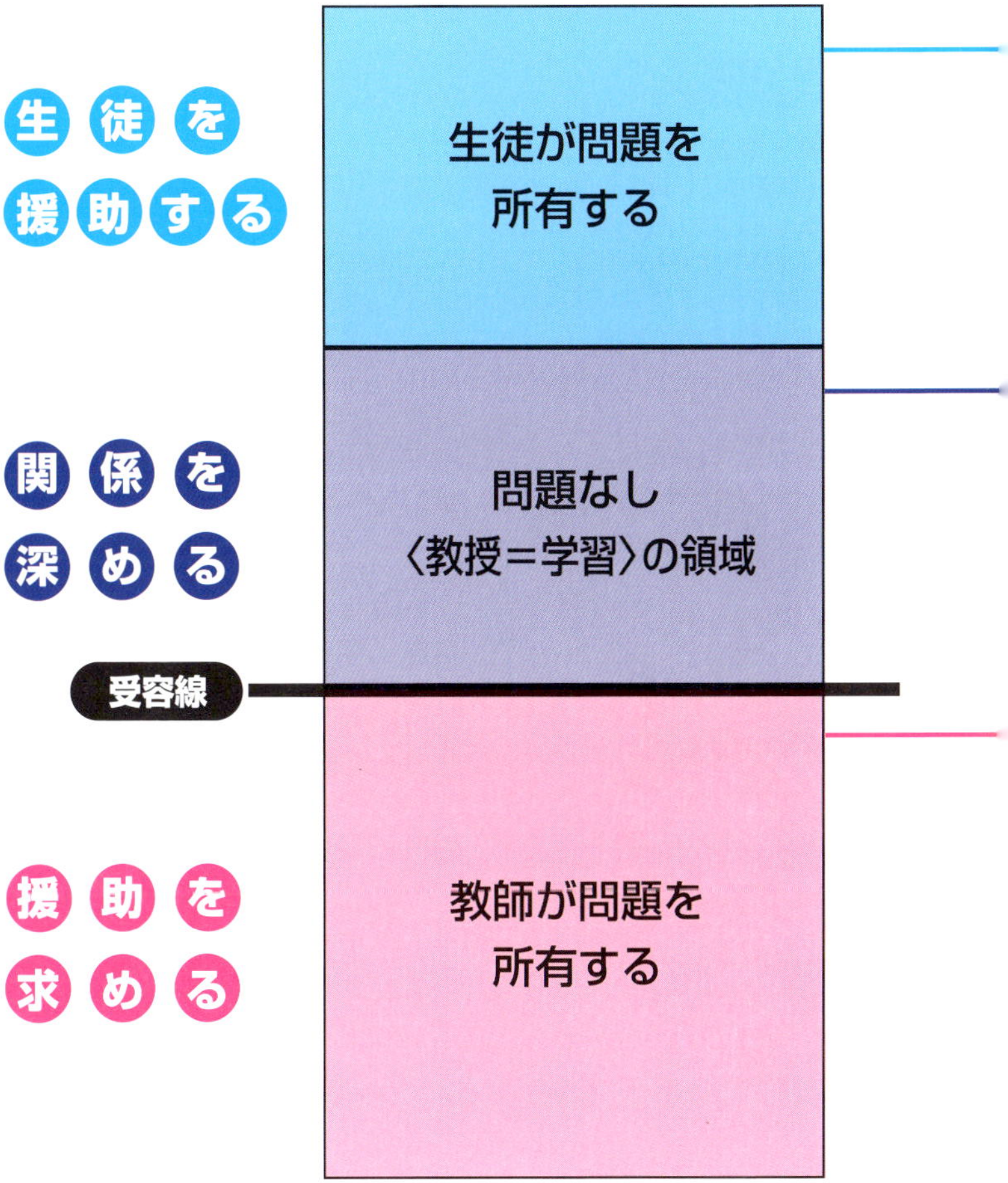

生徒を援助する
生徒が問題を所有する
関係を深める
問題なし〈教授＝学習〉の領域
受容線
援助を求める
教師が問題を所有する

あなたメッセージの例

あなたは、「授業中、隣の生徒に話をしている生徒」に、次のような言葉をかけていませんか。

1．命令・指示
「静かにしなさい」

2．注意・脅迫
「騒ぐと点数あげないよ」

3．訓戒・説教
「授業中は、静かに聞くべきだよ」

4．講義・理詰めの説得
「授業を聞かなければ
わかるはずがないだろう」

5．助言・解決策の提案
「しゃべりたいなら外に行きなさい」

6．非難・批判
「うるさい子だね」

7．悪口・侮辱
「きみは、まるでガキだね」

8．解釈・分析
「ぼくを困らせたいんだね」

9．同意・賞賛
「きみは、いい子だろう。
先生には協力するよね」

10．激励・同情
「もう少しだから頑張りなさい」

11．質問・尋問
「おしゃべりばっかりして
点数とれると思ってるの」
「どうしてそんなにしゃべるんだ」

12．ごまかす・皮肉
「口から先に生まれたのか」

ところが、このような言葉をかけられた生徒は、こういう言葉をどう理解するでしょうか？

教師学入門

教師のための
コミュニケーション論

話す
聞く
対立を
解く

近藤千恵監修
（親業訓練協会顧問）
土岐圭子著
（教師学インストラクター）

みくに出版

はじめに

「教師と生徒の関係――失われている絆」これは、米国の臨床心理学者トマス・ゴードン博士の著書である『教師学』（小学館刊）の第一章のタイトルです。「失われている絆」の現状から、いかにして絆を回復し、さらに深めていくことができるのか、この絆、すなわち「教師と生徒の人間関係」の質を高めることが教育の成果を上げるためにいかに重要かを、同博士は理論だけでなく、ひとつのプログラムの形にされました。「Teacher Effectiveness Training」（教師として効果を上げるための訓練）です。

日本では、このプログラムが「教師学講座」として一九八五年に紹介され、現場の教師の方々を地道に着実にサポートしてきました。それは、「生徒との間の絆の回復」にとどまらず、「教育の原点」にかえる思いのする講座である、との感想が参加者から挙がる内容をもっています。

本書は、ゴードン博士の提唱する「教師学」の内容を、日本における多くの教師の方々の実践例と共に紹介するものです。

「教師と生徒の間の絆」は、なぜ壊れるのか、絆がないことがいかに教育と学習と人の成長を妨げるか、教育の専門家としての教師が絆を築くどころか壊してしまっているのではないか、意識的な教育活動として絆を築く能力がいかに求められているか、教師のその能力を向上させる具体的な方策は何か、といった問いに対する答えが本書にはあります。

教科内容の研究、教材準備といった、生徒に「何を」伝えるかということと同時に、それらを「いかに」伝えるかもまた、教師として工夫していかねばならないことです。「いかに」伝えるかは、とりもなおさず、生徒との人間関係のあり方に大きく影響し、また影響されもします。教育における絆づくり、すなわち人間関係づくりこそ、いま教育界に求められながら、もっとも欠けているものであるといえるのではないでしょうか。

教師学の講座はその隙間を埋めようとするものです。そして、実際に成果を上げてきました。その成果をふまえ、「生徒との絆」づくり、すなわち「教師と生徒の人間関係の質を高める」ことを強く主張する本書が、「教師学」への入門書としての役割を果たすことを心より願います。

教師学入門　目次

第1章 教師のための人間関係プログラム

教師という仕事に苦痛を感じるとき

教育は、相手があって行われる行為です。すなわち、人間関係があるからこそ成立するのです。人と人との出会いが、その成果を左右します。教師は、教育の専門家として、教育現場でどのような出会いを生んでいるでしょうか。

本書では、教育がより成果を上げるような出会い・人間関係とはどんなもので、どうすればそれが得られるのかを述べていきます。

子どもを教育するのは楽しいことです。自分の持っている何かを子どもに伝えていく。子どもは新たな技術や洞察力を身につけていく。その成長を手助けできたと思うと大きな喜びを感じます。

教師のやり甲斐がここにあります。

しかし、学校には多くの子どもたちが集まり、学習しています。スムーズに学習が進むこともありますが、子どもは必ずしも、熱心に学ぶわけではありません。さまざまな困った行動をとることも、毎日のように起こっているのではないでしょうか。

「教師の話が聞けない」「私語が多い」

「学習が進まない」「勝手に動き回る」

「万引き、いじめがある」

「教室の壁は壊れ、くずかごは乱れ、荒れている」

「授業中、廊下をウロウロしているので注意すると凄む」など。

このような生徒を前にして、教える努力が報われず、挫折・失望することもあります。そんなとき、教師として惨めな気持ちになったり、激怒したり、教師という仕事に苦痛を感じたりすることさえあるかもしれません。

子どもは理解できない。学級は荒れる。同僚には責められ、親には訴えられる。一生懸命教えようとするけれど、うまくいかない。落ちこんでしまう。「疲れる」「虚しい」。教師としてのやる気がそがれていく。

イライラして体罰をふるう。生徒からお返しの暴力を受ける。生徒どうしのいじめ、それによる自殺やときには殺人といった、いのちにかかわる事件まで学校で起こるのではないかと不安が高まる。ストレスはいっそうたまる。

学校が部外者による犯罪・人権侵害の舞台になるといった現実も出てきて、ますますたいへんになる。疲れる。

こんな状態の中で、自分で自分を責める。学校にも行きたくない。自分は教師に向いていないのではないかと自信を失い、教師を辞めたくなる。

「一生懸命なのに、どうして?」

「どうすればいいの?」


いろいろな問題が学校現場で噴出している現在、小学校では教師の三人に一人は、「学校を辞めたい」と考えているといわれています。たいへん残念なことです。

教科学習の内容について、事前にしっかり準備をしていても、生徒を学習する態勢にもっていけないことから、しっかり教えることができないということはありませんか。生徒にいかに接したら、学習意欲を引き出すことができるのか、と教師として戸惑うことはないでしょうか。

▼教師のよろこび

もちろん、教師であることは辛い苦しいことばかりではありません。子どもに強い印象を与え、一生を通じて深い影響を持つこともまた教師であるからこそ起こります。「先生の一言」に大きく影響されたという話は、しばしば耳にします。

「あのときに、あの先生との出会いがなければ今の自分はなかった」

「親にも誰にも理解されなかった自分を本当に見守ってくれていたのは、あの先生だけだった」

「やっぱり先生はすごいと思った」

と、自分にとって教師が大きな存在であったことを語る人は多いのです。

ある大学の教職課程に進む学生に、「なぜ教師になりたいのか」その志望動機を記入させると、大部分が「自分が良い教師に出会って助けられたから」と答えます。
ある人がこう語っています。

私の中学時代の恩師は、私たちを三年間受け持って下さいました。先生は、まだ二十代でした。しかし、生徒の力を一二〇%引き出す教師の力を発揮されました。

私たち生徒は、先生と対等に扱ってもらい、尊重されていることを感じました。先生は、生意気な私たちの言うことも真剣に聞いて下さいました。自由に伸び伸びと行動させてもらえましたが、言うべきことは本気で言って下さる安心感がありました。本当に身にしみるように伝わりました。

生徒の私たちは、勉学にもスポーツにも、生徒会にも、あらゆることに一生懸命になりました。ここで、私は自分の生き方、人生観の多くを学びました。本当に感謝です。

その後の高校でも、いわゆる教科の権威を持った先生方に出会い、充実した青春時代だったと感じています。そのことは本当に幸せであったと思い、出会いに感謝しています。

そしてこの人もまた、後に教師になりました。熱意と共に、よい成果を上げ、やりがいを感じながら教育に携わっている教師が数多くいることも確かです。

▼教師の役割と「教師学」

教師の役割は、生徒を教育することです。しかし、誰に対しても同じように熱心に指導したつもりでいても、いつも同じ結果にはならないのは、なぜなのでしょう。

例えば、体罰にしても同じです。

「あのときのあの先生のあの一発のゲンコツが、自分を新しい生き方に導いてくれた」という声がある一方、

「あのときのあの先生は、自分に暴力をふるった。理不尽な権威主義者だ。許せない。今でも嫌いだ」ということを言われることもあります。

本書は、教師による「生徒へのかかわり方」による教育の成果の違いを解明し伝えるものです。

体罰の是非を論ずるのではありません。しかし、なぜある種の体罰が効を奏する結果に思えるのか、その理由は解明します。その理由を理解した後には、体罰についての考えを、読者一人ひとりが深めていくことができるでしょう。

それは、「すべて、教育は相手があって行われる行為であり、教師と生徒の人間関係がカギである」という主張と関連しています。この主張こそ、「教師学」という名称で表現される教師のためのコミュニケーション・プログラムに流れる考え方です。

「教師学」のおもな論点は、教育の成果を上げるためには、教師と生徒の人間関係の質を高めることが決定的に重要だということです。そして、「教師学」はそのための具体的な方法をも提供しています。

▼「教師学」の二本の柱

教育は、教師による生徒への働きかけ・指導であり、その基本には「生徒理解」が求められます。生徒がどのような状態にあり、何を求めているのかを読みとり、働きかけていくことが大切です。人間関係における他者理解の必要性がここにあります。

しかし、もうひとつ配慮しなければならないのは、指導される生徒にとって、その教師がどんな存在であるかによって、「指導」が素直に受け入れられたり、受け入れられなかったりすることがあるということです。すなわち、「生徒による教師理解」が、その教育指導の正否を左右します。

その意味で、教師学では、教育とは「教師による生徒理解」と「生徒による教師理解」が二本の柱になって成り立っていると考えます。

この二本の柱を軸に、生徒との人間関係を築こうという考え方を「教師学マインド」とよんでいます。これは、教師と生徒の信頼関係を教育の基本におこうという教師学の主張の原点を示します。そして、「教師学マインド」を実現するための具体的な方法を提示しているのが「教師学」です。

教師学で示す生徒との信頼関係を築くための具体的な方法は、他者の話を正確に理解する能力と自己を的確に表現する能力に深いかかわりがあります。すなわち、「教師学」では、効果的な指導をするために、教師のコミュニケーション能力を高め、生徒との人間関係の質を高めることを目指しているのです。教師学で提示する方法により、「教師の欲求は生徒に尊重され、生徒の欲求も教師から尊重される」という関係が生徒との間にできれば、教師の教えることがそのまま生徒に学習される、すなわち「教授＝学習」の関係が成立します。

▼ゴードン博士の「教師学」

「教師学」は、もともとは、米国の臨床心理学者であるトマス・ゴードン博士の提唱で始められました。

ゴードン博士は、イリノイ州シカゴ大学のカール・ロジャーズ博士の下で、カウンセリングを学び、同大学でも教鞭をとられました。その後、カリフォルニア州に移り、臨床の分野に活動の中心を移しました。その活動の中から、ゴードン博士は、「数ある職業の中でも、教師はもっともやりがいのある仕事のはずだ。しかし、多くの教師にとっては、実際にはそうなっていない」と気づかれました。

それから何千人もの教師と話し合い、その結果、「教師と生徒の人間関係がうまくいっていれば、生徒は学習できる」との結論に至ったのです。さらに、その関係をよくするための具体的な方法を身に付け実践しなければ、「関係改善」は実現しないと、教師を対象にした「生徒とのよりよい人間関係を築く　教師のための体験学習プログラム」を創り、講座としてスタートさせました。それが「教師学講座」です。

その教科書となったのが、一九七四年に米国で出版された『Teacher Effectiveness Training（TET）』（翻訳版『教師学』）です。

『教師学』は、教師が生徒に「何を」教えるべきかを書いた本ではありません。『教師学』は、よりよい人間関係を築くことが「教え」「学ぶ」営みをより効果的にするために必要なことだと主張します。この関係をつくるための、専門的な理念、概念、学術語に具体的な説明を与え、適切で具体的なコミュニケーションの「方法」を教師に伝えようとするものです。

▼日本では一九八五年から

『教師学』に記してある具体的な方法を身につけるための機会が、「教師学講座」とよばれる体験学習の場として存在します。日本でも一九八五年から講座が開かれ、実際に教師と生徒の人間関係の質が高まり、教師としての指導効果を上げる方々がふえてきています。

「教師学」の基のさらに奥にあるのは、ゴードン博士が臨床の場における青少年の援助の活動から得た、親子の関係についての発見でした。

「親は、いちばん傷つけたくないと思っているはずの子どもたちを、いかに痛めつけているか、それはなぜか、どうしてそんなことが起こるのかが私は理解できるようになった。

親が子に話す話し方、対立の取り扱い方、しつけの仕方などが問題である。彼らはそれらの正しいやり方をどこでも学ばなかったからだ」と考え、ゴードン博士は親のための訓練プログラムを開発したのです。それが、「Parent Effectiveness Training（ＰＥＴ）」（親業訓練）です。

この訓練を受けた人の中から、教師のためのプログラムが欲しいという声が挙がり、ゴードン博士の教師に対する問題意識とも相まって生まれたのが、この「教師のための人間関係のプログラム」である「教師学講座」なのです。

これは、専門の教師に限らず、親も含め他者に何かを教える立場にあるすべての人にとって意味のある内容になっています。

日本では現在までに保育園・幼稚園から大学に至るまでの教師、ピアノなどの稽古事の教師やスポーツのインストラクターなど、さまざまな分野の方々が教師学講座にふれてこられました。もはや日本の地に根付いている「教師学」の実践例を交えながら、そのエッセンスをここに紹介します。

第2章 自分の感じ方で整理する「行動の四角形」

生徒をどう見るか

教師学では、「すべての教師、そして生徒もまた、人間としての特性や感情、反応を誰もが持った、同じ人間である」「教育は、教師と生徒の人間関係を基本として行われるのであり、この関係は、生徒が何歳であろうと変わりはない」という考えに立っています。

ゴードン博士は、「教師とはかくあるべきだというような教師像に縛られるのでなく、本物の人間として行動できるほうが、教師自身と生徒に対して誠実で、しかも教室の中で規律を維持し、なおかつ教えることができる」と述べ、教師が「ありのままの状態で行動できる、具体的で実践的な方法」を紹介しています。

▼行動の四角形（知覚の窓）

教師の生徒に対する指導は、教師がその生徒をいかに見るかに深くかかわっています。生徒に働きかけるか否かを、教師が判断をするためには、生徒がどのような状態にあるのかという教師の生徒理解がカギといえます。

教師の生徒理解を明確にするひとつの道具が、教師学でいう「行動の四角形」です。（図1）この四角形は、教師が生徒を見る「知覚の窓」です。生徒の行動が、この四角い「知覚の窓」を通して教師に知覚されると考えます。

図1
行動の四角形

教師はこの窓を通して、生徒の行動を客観視する訓練をします。

「行動」とは、生徒が言ったり、行ったりするすべてです。耳に聞こえる言葉、目に見える動きを具体的にとらえ、この四角形の中に入れていきます。

「あの子はいい子だ」「あの子はだらしない」という判断ではなく、その生徒がどんな行動をしているかを具体的にとらえるのです。

「生徒Aは礼儀正しい」という判断が、この四角形に入るのではなく、「礼儀正しい」という判断に至った生徒の行動、例えば、生徒Aが「おはようと言った」というような具体的な行動が四角形の中に入ります。

「あの子は勉強する気がない」ではなく、「教師の講義中に隣の子に何か言っている」という具体的な行動が四角形に入るわけです。

図2

受容できる
行動
（受容領域）
受容線
受容できない
行動
（非受容領域）

このように、「教師の判断」ではなく、生徒一人ひとりの「具体的な行動」を認知の対象にすることが、生徒を客観視することにつながります。

次に教師は、自分の感じ方で生徒の行動がイヤかイヤでないかを、「受容線」とよばれる線で分けます。（図2）

教師は、自分が「そのままでよい」「変える必要はない」「気持ちいい」などと感じる生徒の行動を具体的にとらえ、受容線の上の領域に入れます。

「生徒Aが、教師におはようと言った」

「生徒Bが、授業中、教師の話に従って作業をしている」

などです。


教師が、「その行動がイヤでない」のであれば、それは自分にとって「受容できる行動」といえます。受容できる行動が入る領域を「受容領域」と名付けます。ここでは、教師は平静で、リラックスしています。


受容線の下には、生徒の行動の中で教師が「イヤだ。変えてほしい」「やめてほしい」「イライラする」「腹が立つ」などと感じる行動を入れます。

「生徒Aが、その授業に必要な教材を忘れる」

「教師が講義中に、生徒Bが隣の子に何か言っている」

などです。

「生徒が授業中私語をするのは、悪いことだ」ではなく、「私の講義中に、B君が隣の子と話しをしていると、（私が）イヤだ」と感じるというようなことです。

教師が受け入れられないと感じるので、これを「受容できない行動」といい、この行動が入る領域を「非受容領域」といいます。


このように、この四角形の中には、生徒の行動が入ることになるので、この四角形を「行動の四角形」とよびます。

行動の四角形に生徒の行動を入れるときに大切なのは、生徒の行動を「具体的にとらえる」ということと、教師が自分の気持ちに「正直になる」ことです。

道徳的・社会的に「良い」とか「悪い」というのではなく、自分がどう感じるのかということが判断の基準です。ここがポイントです。自分に感情があることを自覚し、また、その感情に鋭敏になることは、素直にその感情に向き合うことに通じるからです。

そして、そう感じるという、ありのままの自分を認めるのです。そうすることで、教師は、「寛容であろう」「受け入れねば」という思いから自分を解放します。


生徒の行動を「四角形」に入れていく目的は、その行動に対して、どう対応するかを判断するためです。生徒の行動が四角形の中のどの位置に入るかによって教師の対応の仕方は違います。そのため、生徒の行動を具体的にとらえ、自分の気持ちに正直に一つひとつの行動を位置づけることが重要です。

四角形に相手の行動を入れてわかってくること

▼生徒をきちんと見るようになり、自分を知る

「あの子はダメ人間だ」「あの子がいると何かイライラする」など、漠然と思っていたことが、生徒の行動を具体的に見る訓練をすることで、「宿題をしてこない」「授業中に私語をする」「小さなことで、何度も自分の意見に反論する」など、その生徒のどの行動に対して、自分がイライラしていたのかがはっきりしてきます。

生徒の行動を客観的に見ることから冷静に生徒が見られるようになって、「あの子の笑顔があるとホッとする」とか「友達には、大きな声でおはようと言っている」などと、その子の別の面が見えてきます。

このことは、生徒の「こんな事がイヤ」で「こんな事は平気」「嬉しい」という、自分の感じ方の発見につながります。

教師学では、教師と生徒の一対一の関係を扱っていきます。したがって、一人の生徒に一つの四角形を作ります。三〇人いたら、三〇個の四角形ができるわけです。一人に一つ、四角形を作ることは、生徒の一人ひとりを、同じように大切にする行為でもあります。教師として、三〇人、あるいは複数の生徒を前に教育にたずさわる場であっても、生徒の側からみれば「自分とその教師」との関係は一対一の関係です。教師として、一人ひとりの生徒との人間関係を意識し、それが集まったのが、一対三〇という結果となるのです。教師は、一人ひとりの生徒と、人間関係を結んでいく働きかけをしていくことが基本です。

▼教師によって感じ方が違う

「S君が、授業中に私語をしている」

この行動は、あなたには受け入れられますか？

教師Aは、受け入れられません。でも、教師Bは構わない、気にならない。（図3）そ

図３

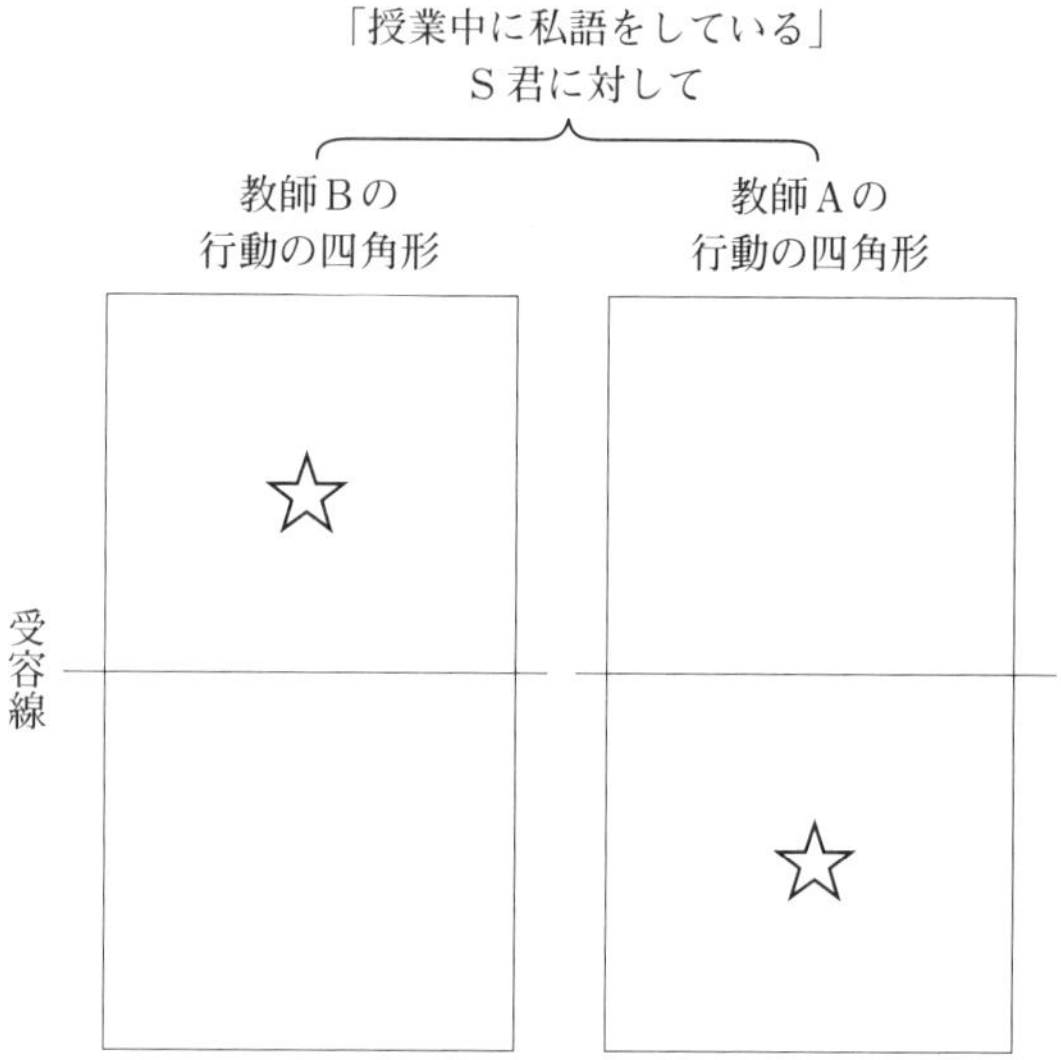
「授業中に私語をしている」
S君に対して
教師Bの
行動の四角形
教師Aの
行動の四角形
受容線

れでも、「えっ！　B先生はおかしい」とは言えないのです。「感じ方」は人によって違って当然なのです。

「だから、生徒がだらしなくなるんだ」と憤慨せずに、見る人によって生徒の同じ行動についても感じ方が違うというその事実を、まず認めましょう。

▼自分の中でも感じ方は変化する

生徒の具体的な行動に対してどう感じるか、その感じ方を分ける「受容線」は、自分の中でも固定的なものではありません。

図4

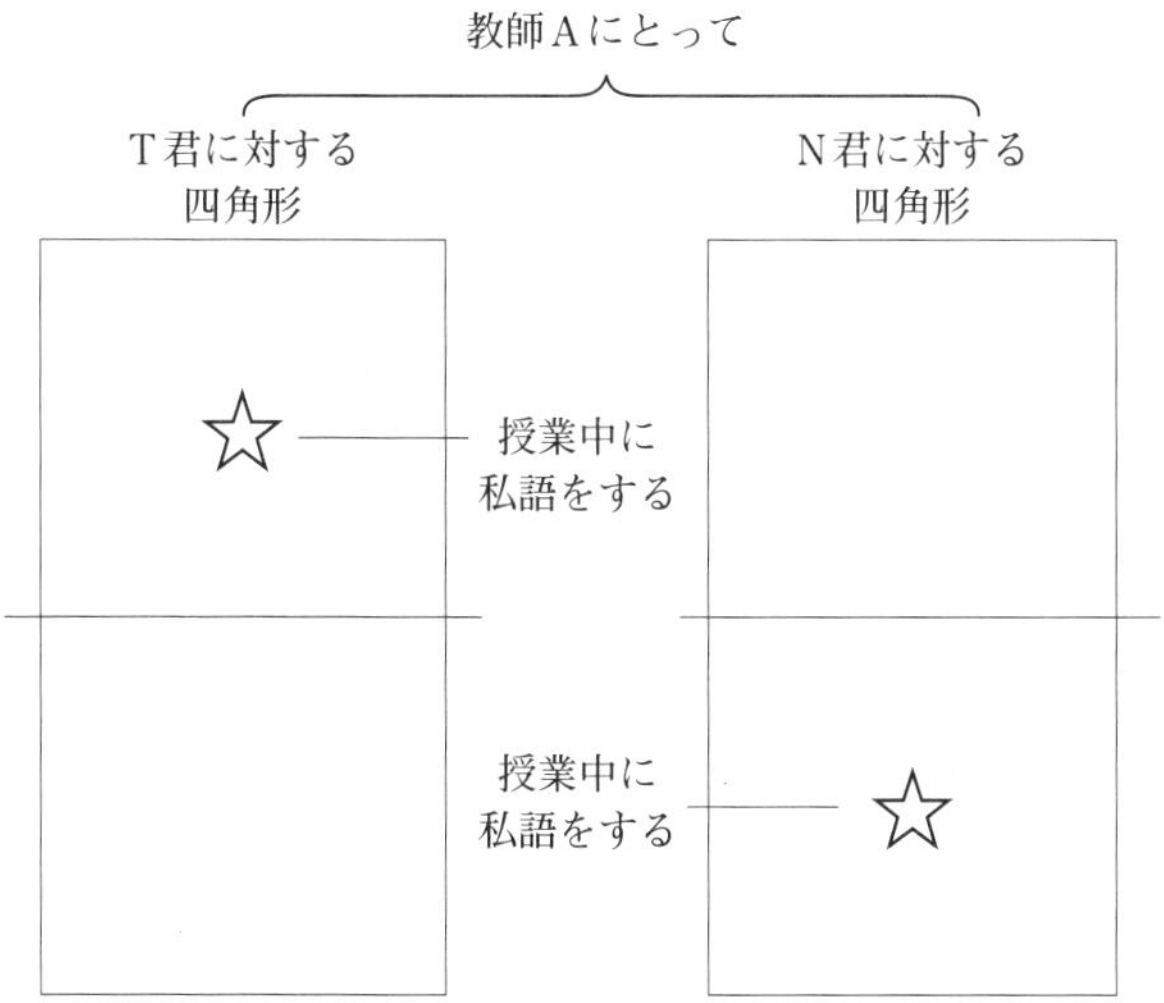
教師Aにとって
T君に対する
四角形
N君に対する
四角形
授業中に
私語をする
授業中に
私語をする

受容線は、
① 生徒（相手）　② 環境
③ 自分自身　この三つの要素によって変化するものだからです。

① 生徒（相手）によって感じ方が変わる

相手がどんな生徒であるかによって、同じような行動に対する感じ方が、教師自身の中で異なることがありませんか。

教師Aが、「T君は、いつも私の授業をよく聞いています。試験の成績もいい子です。たまに私語をするのは受け入れられます」「N君は、毎日の授業で私語が多く、私の話を聞いていません。試験の結果がよくないのは、私語が原因だと思われます。だからN君の私語は許せないのです」と感じるとすると、それは行動の四角形では図4のように表されます。同じ教師が、生徒が異なれば同じ「私語をする」という行動について、違う感じ方をすることがあり得るのです。

私たちは、同じ行動をしている人を前にして、その行動をいつも同じに感じるわけではないのです。「相手が誰であるか」によって感じ方が異なることがあります。

② 環境によって感じ方が変わる

時と場合によっても感じ方が違うことがあります。

「A君がサッカーボールを蹴る」

休み時間の運動場でなら受容できますが、教室でなら受容できません。同じ生徒の同じ行動であっても、環境によって、教師の感じ方は異なってきます。

「授業中の私語」も、筆記試験の時間中には全く受け入れられないことになるでしょう。

③ 教師（自分）自身の状態によっても感じ方が変わる

同じP君の同じ行動、例えば「教科の内容について授業のあとで細かく質問してくる」であっても、教師自身が健康で元気満々のときは受け入れられても、忙しい、疲れている、仕事がうまくいかないとか、さっき同僚と言い争いをしたというようなとき、あるいは次に急ぎの用が控えているといったときには、受け入れられないこともあります。

教師自身の状態によって、同じ生徒の同じ行動であっても感じ方が違うことがあるのです。

このように①、②、③の要素が受容線に影響を与えることから、教師にとって、生徒の行動に対していつも同じように感じたり行動することは難しいといえます。

したがって、教師として生徒に接するときに必要なことのひとつは、自分の感じ方がこのように絶対的でないこと、そして一貫していないということを正直に認めることです。

▼本当の感情を隠すことはできない

自分の本当の感情を知ることは大切です。

「子どもの欲求を抑えると、性格をゆがめてしまう」「教室では子どもに完全な自由を与えるべきだ」「他の子のいる前で、叱るべきではない」などと思ってしまい自分の本当の気持ちを偽り、生徒を温かく受け入れているふりをしながら、内心では困り果てているというようなことはありませんか。

生徒の行動に「困った」「イヤだ」と感じていることは、教師がそれを受容していないということです。それにもかかわらず、生徒に対し「黙っている」ことで、受容しているふりをすると、心で思っていることと行動が違う、すなわち「イヤだけど受け入れている」、という混合のメッセージを生徒に送ってしまうことになります。

ある生徒は敏感にそのことを感じ、「先生は、いかにも落ち着いて話しているようですが、イライラしているのは誰だってわかりますよ。いったいどうしてほしいんでしょうかね」と、教師についての不信を表現していました。

教師は人間であり、神様ではない

要するに、教師も感情を持った人間であり、神様ではないということです。無条件に生徒を受容することもできないし、一貫して受容し続けることもむずかしいのです。教師自身が、自分も感情を持った人間であることに気づき、ありのままの人間として生徒に対応することが、生徒との人間関係を築く上で重要なことなのです。

生徒は、確かに受容してもらいたいと思っていますが、教師が本当の感情と一致した明確で正直なメッセージを送るときには、教師の非受容の感情にも対処できる能力を持っています。

教師の明確で正直なメッセージは、生徒にとって、対応しやすいというだけでなく、教師に対しても、内外一致した身近な存在として、親しみやすさを覚えさせます。そのような人からこそ、生徒は多くのことを学んでいくことでしょう。

生徒も人間である

教師が、このように自分を理解し、受け入れるようになると、生徒との関係においても、生徒を一人の人間として理解し、受け入れやすくなります。

自分が疲れると何もしたくなくなることを知ると、彼が「何もしないのはケシカラン」ではなく、「何もしたくないほど疲れているのかな」などと、生徒の状態についての理解も生まれやすくなります。

自己理解は他者理解につながり、自己受容は、他者受容にもつながります。

こうして、教師と生徒との間に人と人との関係がさらに生まれやすくなります。

行動の四角形の重要性

教師学の基本は、教師が生徒の行動を具体的かつ客観的にとらえ、自分の気持ちに正直に「行動の四角形」に整理することにあります。そうすることで、生徒の行動に対して、「どのような対応が適切なのか」を判断する基準を、手にすることができるのです。

「教師学」に「行動の四角形」があるということは、自分を整理し、生徒に対するどのような対応が適切かを判断できる素晴らしい道具があることを意味しています。

生徒の特定の行動を「行動の四角形」のどの領域に入れるかの判断は、各々の教師が自分の気持ちに正直に自分自身に聞けばいいのです。

さらに、後述するように生徒の行動に対して、教師がどのような行動をとるかの判断も、行動の四角形が基準となりますから、教師の正直な感じ方を知ることが大切になります。

第3章 問題所有者を決め、適切な対応を判断する

問題所有者を決める

前章では、行動の四角形に生徒の行動を入れ、教師が「イヤだ、やめてほしい、変えてほしい」と感じるもの（非受容領域）と、「そのままでよい、変える必要はない」と感じるもの（受容領域）とに分けました。

ここではさらに、生徒に対し誠実に着実にかかわるために、行動の四角形を「問題所有」という考え方で、図5に示す三つの領域に分

図5

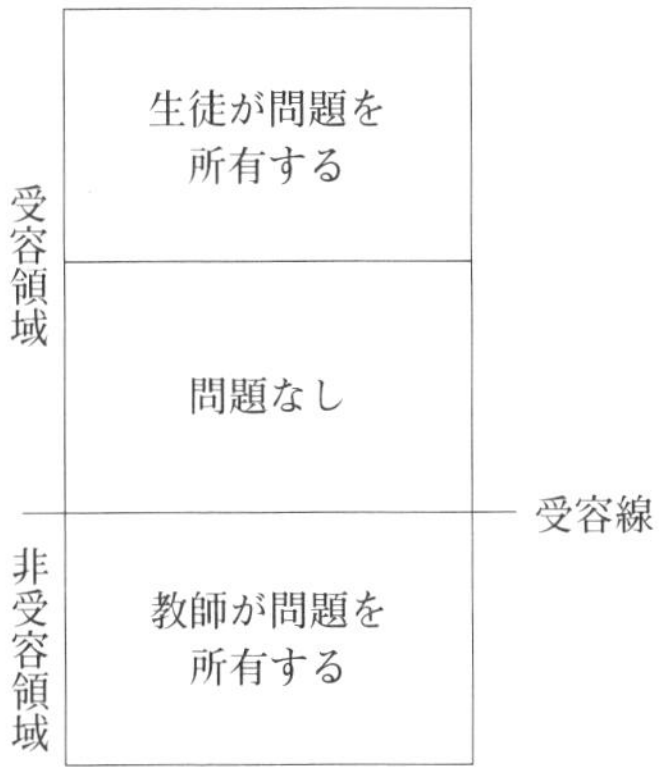
生徒が問題を所有する
問題なし
教師が問題を所有する
受容領域
非受容領域
受容線

けることを述べていきます。

▼「教師が問題を所有する」領域

例えば、「生徒Aが授業中に私語をしている」場合、教師である私が、不愉快だ、イヤだ、変えてほしいと感じています。私が受容できないのです。したがってこの行動は、四角形の受容線より下に入ります。これは、実は、「教師が問題を所有する」（「教師の問題」

図6

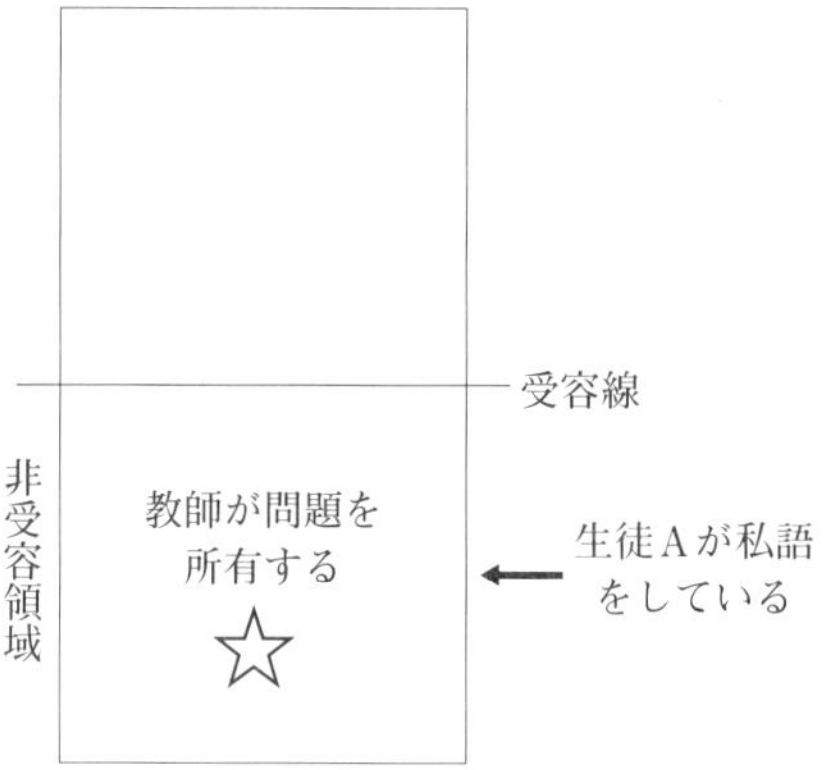

と省略することもあります）といえる行動です。

すなわち、ここで「教師が問題を所有する」というのは、イヤだ、変えてほしい、イライラするといった、穏やかではない、否定的な感情を教師が持っている状態を指すのです。これは、教師学特有の表現です。

生徒Aが授業中に私語をすると、教師が不満や怒りを感じるのであれば、「問題を所有するのは教師（自分）」と表現します。

ここでいう「問題」は、「A君は高校生なのにタバコを吸うので問題だ」という場合に使う「問題」とは違います。「高校生であるA君がタバコを吸うのは、私が心配だと思う」のであれば、教師学では、「高校生であるA君がタバコを吸うのは、私（教師）の問題」と表現するのです。

▼「問題なし」領域

これに対し、例えば、

「生徒Aが静かに授業を聞いている」

この場合、教師は気持ちよくその行動を受容できます。受容領域にある行動です。

この状態を「問題なし」といいます。

ところが、この「問題なし」領域は、教師だけが「問題なし」であっても、生徒のほうが何か悩みを抱えていたのでは、本当の意味での「問題なし」にはなりません。

そこで、この教師の「問題なし」領域の中に、「教師から見た生徒の気持ち」を基準に、二つの領域をもうけます。すなわち、図7のように「生徒が問題を所有する」領域と、生徒も問題を持たない「問題なし」領域です。

図7

四角形のいちばん上に、「生徒が悩んでいる行動」を入れる領域を作ります。真ん中が、生徒も教師も問題を持たない、お互いにとっての「問題なし」領域ということになります。ここでこそ、お互いに関係が深められます。「教え」「学ぶ」ことは、「問題なし」の領域にあるときに、もっとも効果的に行われるのです。

▼「生徒が問題を所有する」領域

受け入れられる生徒の行動の中でも、「生徒が何か悩みを持っている、何かイヤなことでもあったかな」と教師が感じる場合があります。この場合は、「イヤな気持ちを持っている」のは生徒です。

その生徒の行動は、四角形のいちばん上の「生徒が問題を所有する」（「生徒の問題」と

図8

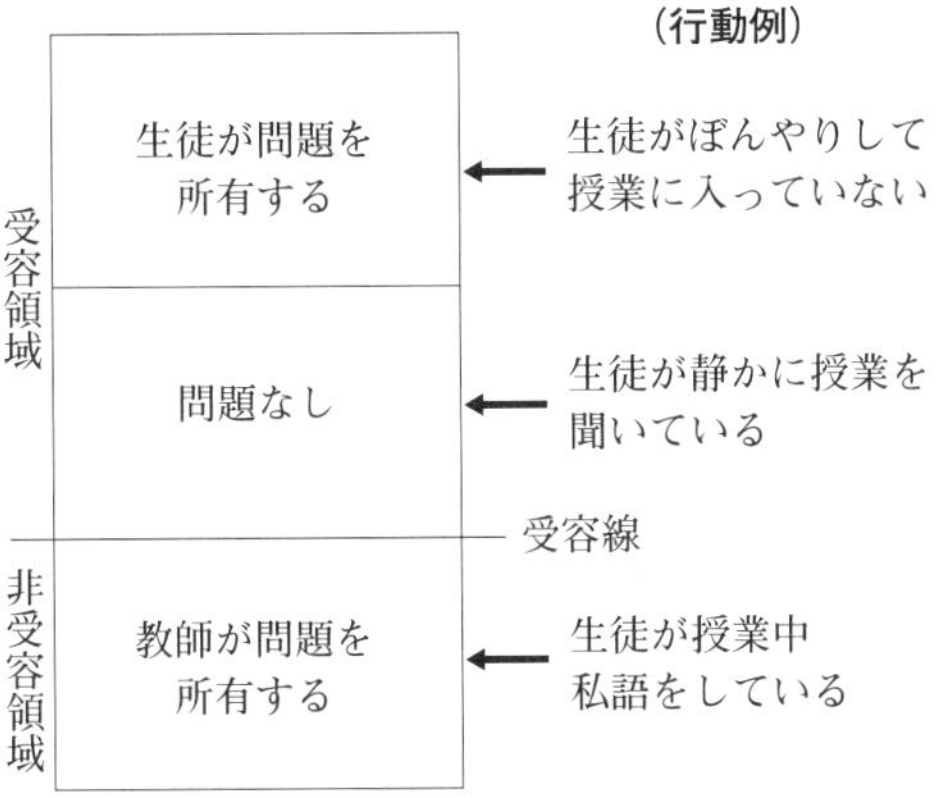
（行動例）
生徒が問題を所有する
生徒がぼんやりして授業に入っていない
受容領域
問題なし
生徒が静かに授業を聞いている
受容線
非受容領域
教師が問題を所有する
生徒が授業中私語をしている

省略することあり）領域に入れます。

「生徒が問題を所有する」ときには、「ぼんやりしている」「泣く」「すぐ友達を殴る」など、生徒が何か悩んでいる、イヤな気持ちを持っているのかなと教師が思えるような何らかの「サイン」が行動に表われていると考えることができます。逆にいえば、サインのあるときには、「生徒が問題を所有する」のです。教師は、このサインに気づくことが大切です。

「問題所有者」が誰であるかを決めるのは、教師の感じ方にゆだねられています。さらに、誰が問題を所有するかによって、教師の生徒への対応の仕方が大きく違うので、生徒の行動を的確に判断して、四角形の中に位置づけることは、大切な作業です。

問題所有の原則

図9

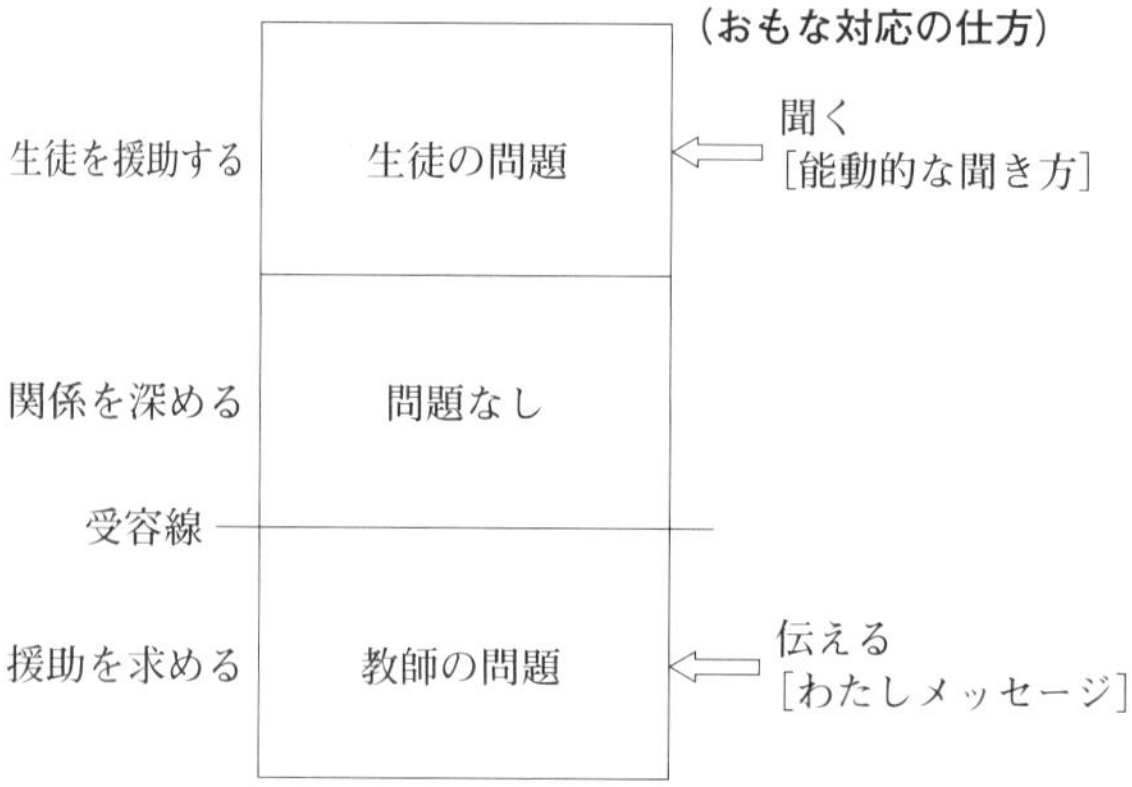
（おもな対応の仕方）
生徒を援助する
生徒の問題
聞く
［能動的な聞き方］
関係を深める
問題なし
受容線
援助を求める
教師の問題
伝える
［わたしメッセージ］

教師学の重要な柱のひとつに、「問題所有の原則」があります。

それぞれの問題は、それを所有している人が解決するという原則です。その人の問題の所有権を侵さないようにするという原則でもあります。

生徒が問題を所有していれば、その問題を所有している生徒が解決しなければなりません。教師ができるのは、生徒が自分で解決できるように手助けをすることです。教師が問題を所有していれば、そのための解決は教師が行わなければなりません。

すなわち、教師の取るべき行動は、生徒が問題を所有しているときと、教師が問題を所有しているときとでは、全く違います。

教師学では、問題の所有権が誰にあるかによって、問題解決の方法が異なるとしており、それは図9のようになります。

「問題なし」領域こそ大切

「問題なし」領域は、教師も生徒も気持ちが穏やかでいられるところです。お互いの関係を深める機会がこの領域の中にあります。また、「教える」「学習する」という活動は、この領域でできるのです。この「問題なし」領域こそ大切です。

「問題なし」領域では教師の「教える」ことがそのまま生徒の「学習」に通じる関係があり、「教授＝学習」がもっとも効果的に行われます。教えたい、学びたいという教師と生徒、双方の欲求が満たされ、充実感を味わうところであり、これこそ、お互いが求めて

図10

いることです。

この「問題なし」領域を、「教授＝学習が効果的に行われる領域」または「教授＝学習の領域」とよんでいます。(図10)

「教師が問題を所有する」ときには、これを解決しないと、教師は「教える」ことがうまくいきません。また、四角形のいちばん上の「生徒が問題を所有する」ときには、生徒は学習に集中する事ができません。

教師学の目的は、教師も生徒も穏やかでいられる「問題なし」領域を広げ、「教授＝学習の時間を増やし、質を高めること」なのです。

したがって教師学では、それぞれが「所有する問題」を解決するための、教師による生徒への働きかけの方法を提供し、各々の「問題がある領域」に属する行動に働きかけることで、問題を解決し、「問題なし」領域を広げることを目指します。(図11)

図11

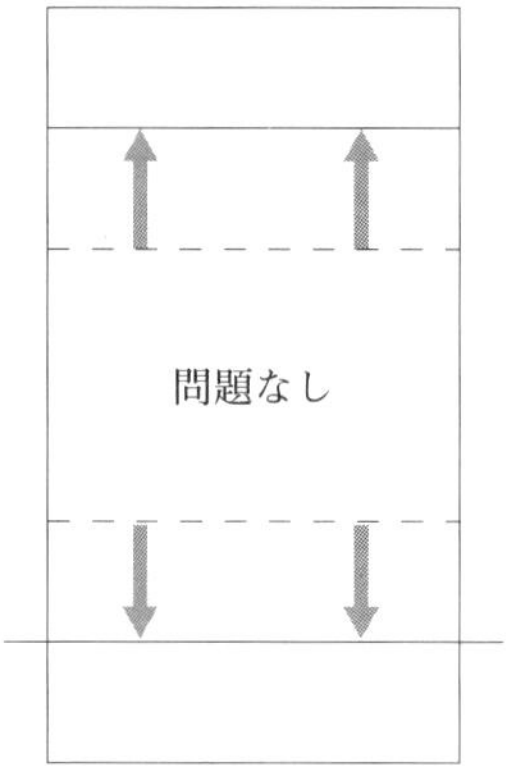

また、この問題なし領域を広げようとする、教師の働きかけそのものが、教師と生徒の信頼関係を深め、人間関係の質を高めることになります。と同時に、その教師の生徒への働きかけ方が、生徒に対する人間関係教育ともなっているのです。

教師と生徒が所有する問題を解決するプロセスには、「教師による生徒理解」と「生徒による教師理解」が深まる機会が存在しています。この「教師による生徒理解」と「生徒による教師理解」こそ、「教師学マインド」の二本の柱であり、「教師学マインド」が実現されることで、教師と生徒という役割による関係よりも、人間と人間が誠実にふれ合う心の絆が両者の間にできるのです。

両者の間に、しっかりと心の絆ができたとき、教師としての生徒への影響力が発揮されます。そして、教師も、生徒から多くの助けや教えを受けながら、生徒と共に成長することが可能になります。

第4章 教師の思いを伝える「わたしメッセージ」

「教師が問題を所有する」ときの対応

教室では多くの生徒が、自分の欲求を満たそうとします。授業に集中する生徒ばかりではありません。騒いだり暴れたり、注意散漫、うわのそらなど、生徒一人ひとりの行動はさまざまです。教師として怒りやいらだちを感じたり、悩み、不安になるといった不安定な感情にとらわれたり、また、胃が痛くなったり、頭痛がしたりといった身体的な反応を伴った問題を感じることもあるかもしれません。このようなときに、問題を解決しないでおくと、教師は気力を失い、教師を辞めたくなることすら起こるかもしれません。

このような教師の感情や反応を起こさせる生徒の行動は、「教師が問顥を所有する」領域に入ります。（図12）

図12

人が「問題を所有する」とき、すなわち不愉快な思いを持ったとき、それを何らかの形で解決しなければなりません。

教師が問題を所有するか否かを決める受容線は、①相手（生徒）②環境 ③自分自身の三つの要素によって動きます。教師が所有する問題を少なくする、すなわち、教師の問題を解決することは、この受容線を下げ、問題なし領域を広げることです。そのために、受容線に影響を与える三つの要素のどれかに働きかけていくことが有効です。

例えば、「授業中私語をしている」生徒に対しては、各要素に働きかける考え方として、次のようなことがあります。

① 生徒の行動を変える

（例）生徒の行動を変えるように働きかける。

②　環境を変える

(例)よく話をする二人の生徒の席を離す。

③　教師自身を変える

(例)小グループで生徒どうしが話をする時間をもうける。

生徒が、教師から見て、「イヤだ」「変えたほうがよい」と思った行動をとると、多くの場合教師は、生徒の行動を変えさせたいと願い、直接生徒に働きかけるのではないでしょうか。すなわち、右記の①「生徒の行動を変える」働きかけです。

この章では、この働きかけについて述べていきます。

具体的にはどのような働きかけでしょうか。例えば、「授業中隣の生徒に話をしている生徒」に、次のような言葉をかけていませんか。

1．命令・指示

「静かにしなさい」

2．注意・脅迫

「騒ぐと点数あげないよ」

3. **訓戒・説教**

「授業中は、静かに聞くべきだ」

4. **講義・理詰めの説得**

「授業を聞かなければ、わかるはずがないだろう」

5. **助言・解決策の提案**

「しゃべりたいなら外に行きなさい」

6. **非難・批判**

「うるさい子ね」

7. **悪口・侮辱**

「あんたは、まるでガキね」

8. **解釈・分析**

「私を困らせたいのね」

9. **同意・賞賛**

「あなたは、いい子でしょう。先生には協力するよね」

10. **激励・同情**

「もう少しだから頑張りなさい」

11. 質問・尋問

「おしゃべりばっかりして点数とれると思ってるの」

「どうしてそんなにしゃべるのよ」

12. ごまかす・皮肉

「口から先に生まれたのか」

このような言い方は、生徒のために、生徒の行動を変化させることが必要だとの「生徒を思いやる気持ち」から、教師が働きかける言葉です。

ところが、このような言葉をかけられた生徒は、こういう言葉をどう理解するでしょうか。確かにそうだと納得して「私語をする」という行動をすぐにやめるでしょうか。

実は、このように言われた生徒は、教師が「生徒を思いやる気持ち」を持って話していることが理解できにくいのです。

それどころか、教師の言葉により、

・自尊心を打ち砕かれる。

・罪悪感を持ったり、当惑する。
・あきらめ、引き下がり、努力しないようになる。
・自分の行動を変えたくないと反抗的になる。
・「先生は、僕をどうしようもないバカだと思っている」と感じる。
・「うるさいやつだ」
・「僕だって感情や欲求はある。でも先生は人間あつかいしてくれない」と感じる。
・教師をバカにしたような、ふてくされた態度をとり、教師を無視する。
といった感じ方や行動をとってしまうのです。どうして、このようになるのでしょうか。

▼「あなたメッセージ」と「わたしメッセージ」

教師の思いを生徒に伝えるのに、二通りの言い方があります。比較してみましょう。

図13で、記号化された言葉は、「(あなた) 静かにしなさい」という「あなた」を主語にして語られています。これを「あなたメッセージ」とよんでいます。

生徒の行動を変えるための前出の十二種類の働きかけの言葉はこの「あなたメッセージ」

図13　「あなたメッセージ」

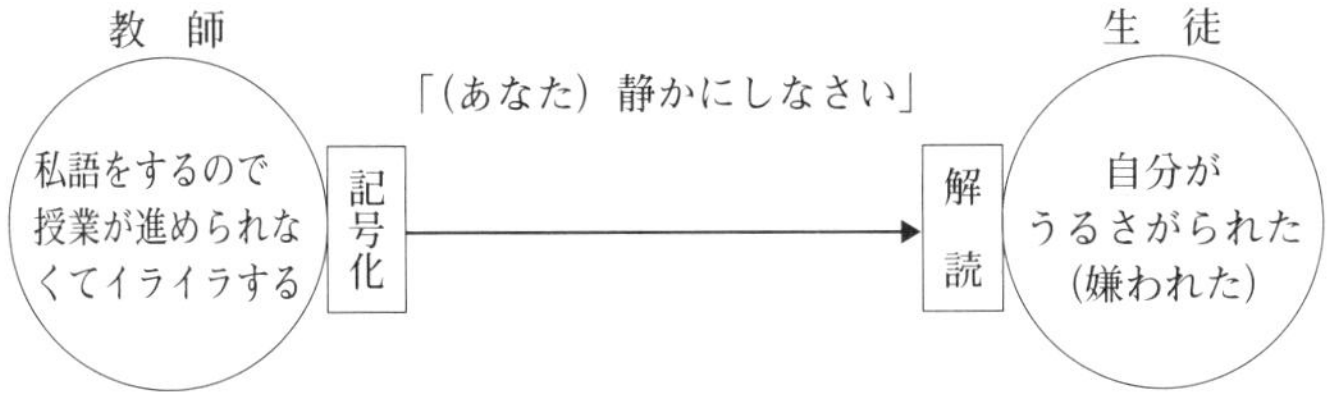
教　師
生　徒
「(あなた) 静かにしなさい」
私語をするので
授業が進められな
くてイライラする
記号化
解読
自分が
うるさがられた
(嫌われた)

図14　「わたしメッセージ」

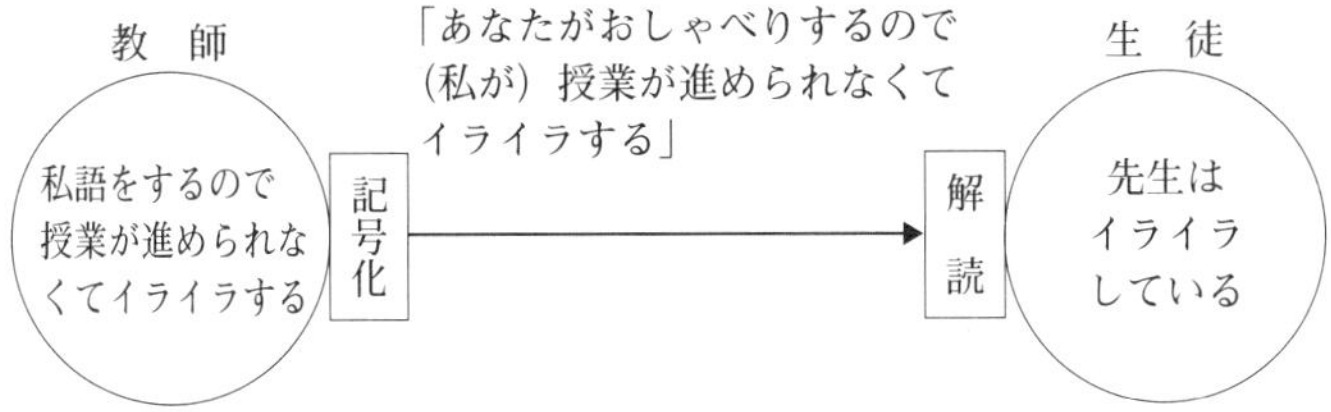
教　師
生　徒
「あなたがおしゃべりするので
(私が) 授業が進められなくて
イライラする」
私語をするので
授業が進められな
くてイライラする
記号化
解読
先生は
イライラ
している

です。ここには、教師がどのように考えているとか、思っている、などの「教師についての情報」は込められていません。生徒についてのみ語っています。

　したがって、言われた生徒には、教師の考えがわかりません。ただ自分の行動がよくないとの判断を下され、自分は責められたと感じるだけです。これでは、生徒にとって、自分の行動を変えるようにとの指示がきたとしか理解できないのです。

　生徒の選択は、従うか従わないかの二つに一つです。従わなければ、教師との間によい関係は生まれません。従ったとしても、その生徒は、教師の指示に従うことを学んだのであって、自ら授業に集中する内発的な動機付けが起こったわけではないのです。

このような教師の接し方から生徒が学ぶのは、「指示に従う」ことです。自分で考えて行動することではありません。

生徒に、授業に集中させたいとの思いで発する言葉が、その思いが生徒に伝わっていないばかりでなく、生徒との関係を悪くする、あるいは、生徒の自主性を育まず、依存性を高める結果になるのは残念なことです。

ところが、もう一方の「わたしメッセージ」（図14）はどうでしょうか。

「わたし」を主語に教師が自分の思いを語るのです。少なくとも教師の思いが生徒には伝わりやすく、理解しやすくなります。

教師は、感情や欲求を持った人間です。自分の感情や欲求に気づき、自分の内面で起こっていることを語り、自分自身を伝えることが大切です。これが「自己表現」です。

「わたし」を主語に、「わたし」の気持ち、感情、考え、信念などを表現するので、この自己表現のメッセージを「わたしメッセージ」といいます。

「わたしメッセージ」は、相手を評価したり、判断したりせずに、自分の感情や考えを表現していく手段です。いろいろな感情を持った生きた人間として、教師が心を開いて自分を語ることで、生徒は同じ人間として教師を理解しやすく、協力的になりやすいのです。こうして、教師と生徒の間に人間的な関係を生んでいきます。

さらに、「わたしメッセージ」で注目すべきなのは、教師が自分の考え・思い・気持ちを「わたし」を主語に語ることはしても、生徒にどのような行動をとるべきかを指示していないことです。教師の状態を告げられた生徒は、その教師の言葉にいかに反応するかを自分で決めることのできる余地が残されています。すなわち、生徒に「自分で考える機会」、主体性、自己決定の機会が与えられるのです。このように、生徒にとっての成長の機会があるのが「わたしメッセージ」です。

教師学では、「わたしメッセージ」をいくつかの種類に分けています。

▼対決のわたしメッセージ

一般に、人が自分の行動をふり返るのは、他人へ与える影響がはっきりと理解されたときです。

自分の行動が、他人に迷惑をかけていることに気がついたり、損失を与えていることがわかると、自分で行動を変えなければと思いやすいものです。ところが、自分の行動が周囲にどんな影響を与えているかは、意外にわかりにくいのです。

教師学では、生徒の行動が他者に与える「影響」を、その生徒にはっきりと示すことを重視します。生徒は、自分の行動が、他人にそのような影響を与えていることを知ると、自発的に行動を変えやすくなります。

生徒の行動を教師の権力で変えさせるのでなく、人間対人間のコミュニケーションを図りながら、生徒自ら考え判断し、行動を変えていくことができるように、教師からの「わたしメッセージ」が構築される必要があります。

生徒の行動が、「教師への影響」を持つ場合には、教師はその行動を変えるために、生徒と対決することになります。このようなとき、教師は「対決のわたしメッセージ」で生徒に対して自分の思いを伝えます。

「対決のわたしメッセージ」は、三つの部分があることで効果的になります。

三部構成の「対決のわたしメッセージ」

①　**受け入れられない生徒の「行動」**
　具体的に、非難がましくなく、事実を述べる。

　「授業中、生徒Aが私語をする」

②　**生徒の行動が与える「教師への具体的な影響」**
　「授業に集中できなくて」

　「授業が進められなくて」

③　**教師の内部で引き起こされる「感情」**
　正直に、率直に。

　「困る」

　「イライラする」

教師が発する「わたしメッセージ」は、相手を評価したり、非難したりしないで、自分の気持ちを正直に、率直に伝えるので、たいへんわかりやすいし、これを聞いた生徒は、自分の行動に対する指示・命令でもなく、また自分が責められているわけでもないので、耳を傾けやすいのです。また、生徒の行動が及ぼす教師への具体的な影響が伝えられるので、教師を助けようと生徒の心が動きやすくなります。

このような働きかけで、生徒の中に相手を思いやる心を育て、どう行動するかの判断や、創造性を伸ばしていくことができるのです。

高校で化学を教えていた私は、「教師学」を学んだ後で、授業中に「対決のわたしメッセージ」を送りました。

▼わたしの「対決のわたしメッセージ」

二人の生徒のおしゃべりがとまらず私はイライラしてきました。

以前だったら、「静かにしなさい」「うるさいね」「出て行きなさい」と「あなたメッセージ」で叫び散らしていたと思います。でも、このときは勇気を出して、その二人のところに行き、大きな声で「あなたたちが授業中におしゃべりしているから（行動）、私は授業に集中できなくて（影響）イライラする（感情）」と言いました。

教室はシーンとなりました。そのとき私は、裸でさらされたような恥ずかしさと、生徒から何をされるかわからないという恐怖を感じました。

でも、当の生徒たちは、びっくりした顔をして「すみません」と言って静かになりました。生徒があんまり素直に行動を変えたので、こちらのほうがびっくりしました。

喉はカラカラになってそれ以上何も言えず、とにかく静かになって目的を果たしたのだと思い授業を続けました。


そのとき私が感じたのは、「わたしメッセージ」を言うこと、特に感情を表現するということは、まさに裸の自分をさらすようだということです。恥ずかしい、怖い、とても勇気のいることだと感じました。でも、こうして本気で本音で対決するから、彼ら（生徒）は対等の人間として共感し、行動を変える気持ちになるのでしょう。

すごい説得力があると実感しました。

▼後日談

ところが、「対決のわたしメッセージ」の効果はこの日だけにとどまらなかったのです。後日談があります。

後日、周りにいたある生徒が、「あのとき、先生は怒りたかったのに怒らなかった。私もこんな風にしよう」と言いました。

これにもびっくりしました。彼らは「あなたメッセージ」（相手を責めること）と「わたしメッセージ」の違いを的確に聞き分けていたのです。

そして、嬉しいというか怖かったのは、生徒は、教師のすることをしっかりと見て、それをすぐ真似しようとするのだということです。

関わった二人の生徒との関係も、このことをきっかけに大きく変化していきました。

その授業が終わって教室から出た私に対して、彼らは後ろから出てきて話しかけました。

生徒「さっきは、しゃべっていてすみませんでした。昼までに決めなければならないことがあって話していたのですが、つい余計なこともしゃべっていました。先生から注意されて気が付いてよかったです」

教師「そうだったの。わかってくれて嬉しいよ」と言って別れました。

次の時間、そのクラスは静かだったし、私はもうそのことを忘れていました。授業が終わって、またその子たちに「今日は静かだったでしょう」と言われました。

「本当ね。今日は静かだったわ。気を付けてくれたのね。ありがとう」というと、「バッチシ」と嬉しそうにVサイン。

その次の時間が始まると彼らが立ち上がって「おれたちゃ、化学に燃えとっちゃん」とみんなにご披露。そして、本当にそれ以後一生懸命私の授業に取り組んだのです。ちょっと照れくさいやら、嬉しいやら。

本音の関係ができたとき、こんなにも意欲的になるのかと感激しました。

教師が「対決のわたしメッセージ」で自分を語るということは、教師の人間的な思いが生徒に語られるということです。教師にとっては裸でさらされたような、恥ずかしさと不安はあるかもしれません。しかし生徒にとっては、教師が本音を伝えた分だけ、身近な感覚で受け止め、理解しやすくなるのでしょう。素直に教師の思いに協力しやすくもなるの

です。一方的に生徒の行動を変えさせようとしない人間的な教師への親近感が、私の教える教科に対する興味へも結びついたのでしょう。生徒が学習することには、このように人間関係に左右される側面も多いのです。

次は、講座を受けた小学校教師の実践例です。

（事例）教室を飛び出してしまう生徒A（男子・小学一年）への対応

入学時から、生徒Aはじっと座っていることができずに、よく教室を飛び出してどこかへ行ってしまうことがありました。教師Sは生徒Aも心配だが、他の子たちも放っておけず困ってしまいました。そこで、こんな対応をしました。

教師（クラスの他の子たちに）「わたしには、ここにいるみんな大切な人です。でも、今出て行ったA君も私の大切な子です（宣言のわたしメッセージ）。だから今あの子がいなくなって（行動）、どこに行ったか心配で授業ができないで（影響）困ってるの（感情）（対決のわたしメッセージ）。探しに行ってもいいかな」

子どもたちが「いいよ」と言うので、教師SはAを探しに行きました。

生徒Aは、下駄箱のところで、丸くなって固まっていました。

教師「A君、ここにいたの。良かった！　A君が見えないと（行動）先生は心配で授業ができなくて（影響）困ってるの（感情）」（対決のわたしメッセージ）

と言うと、生徒Aは突然教室の方に走っていきました。そして、教室を通り抜けてベランダの隅でまた固まってしまいました。でも、そこは教室の教師から見えるところだったのです。

教師Sは、とにかく生徒Aが見えるところにいてくれるので、他の子たちに
教師「待っててくれてありがとう。A君は先生の見えるところにいるから授業をやりましょう」

と伝えて、生徒Aにときどき目をやりながら授業をすることができました。

生徒Aは、ときどき位置を変えましたが、ずっと教師Sの見えるところにいました。

その後、生徒Aのお母さんから、「あの子は先生にだけは心を開いているようです」

と言われ、実際生徒Aは教師Sの言うことは受け入れるようになっていきました。

「わたしメッセージ」は、わかりやすいメッセージです。教師Sの言っていることが理解できるので、生徒Aも先生が困らないように協力して、見えるところに移動したのです。生徒Aの自己決定の結果でもあり、自己成長の機会でもあります。教師Sが「見えるところにいて、A君ありがとう」と声をかけることもできる状況です。生徒Aにとって、教師Sは、自分を責めないし、傷つけることもない存在なので、安心して心を開いてきたのでしょう。そして教師Sの言うことは聞こうと思えてきたのでしょう。これが、「わたしメッセージ」の効果なのです。

それでも相手が行動を変えないとき

三部構成の「対決のわたしメッセージ」を伝えても、生徒は行動を変えないことがあります。

「わたしメッセージ」は、「あなたメッセージ」に比べて、生徒は防衛的な反応を起こしにくいのですが、最良の「わたしメッセージ」であっても、「君の行動が他人に問題を引き起こしている」と言われているのですから、喜ぶ人はいないでしょう。教師がメッセージを送ったがゆえに、生徒に不愉快な思いを抱かせてしまい、傷ついたり、防衛的になったりすることもあります。このような状態では、生徒は教師の言うことを聞いたり、協力することはできません。

それを無視して、教師が「わたしメッセージ」を送りつづけることは、自分の意見を押しつけるのと同じです。

この段階でも、教師は生徒に生じた新しい問題に対処するために手助けをする必要が起こります。すなわち、生徒の防衛的な反応に耳を傾けることに**「切りかえ」**るのです。（受け止め方は、次の章で詳しく述べる、**「能動的な聞き方」**を使います）

教師が、生徒の気持ちを正しく聞き、理解することで、生徒は気持ちが穏やかになっていきます。

それと共に、生徒は自分の発言を理解する教師が自分を尊重していると感じます。そして、「わたしメッセージ」を出した教師を尊重する気持ちが生まれます。こうなってこそ、生徒は教師に協力しようという気持ちになれるのです。

教師は「わたし」を大切にしたいので、「わたしメッセージ」を出しています。生徒も自分を大切にしている存在であることは同じです。教師がそのことを認め、表現するのが、生徒を受けとめる「能動的な聞き方」をすることです。

「切りかえ」とは、このように、教師が生徒を大切にしていることを示す行動といえます。

(事例)「授業中おしゃべりをしている中学生」へ

教師「あなたたちがそこでおしゃべりしていると私は授業に集中できずにイライラしてるの」(対決のわたしメッセージ)
生徒「だって、早すぎるんだもん」
教師「早すぎてわからなくなったのね」(能動的な聞き方)
生徒「そうですよ。すぐ消してしまうし」
教師「黒板に書いても、消すのが早くて理解できなくなるのでいやになってしまうのね」(能動的な聞き方)
「でも、そこであなたたちがおしゃべりしていると、私は授業に集中できなくて困るのよ」(対決のわたしメッセージ)
生徒「ゆっくり書いてくれれば、もう少し一生懸命なれるのにさ」
教師「そうか、もう少しゆっくり書いたり説明したほうがいいのね」(能動的な聞き方)
「じゃあ、もう少しゆっくり書こうね」

生徒「はい。お願いします」

　こんな会話があった後、彼らは真剣に授業に取り組みました。私語をする生徒の本当の思い「黒板に書いたり消したりするのが早すぎてわからない」が理解できたことで、教師は必要な対策をたてることができました。これで教師と生徒はお互い気持ちよく授業に入っていけるのです。

　教師も率直なメッセージで自分の思いを伝えますが、生徒にも言い分があります。それを抑えないで、「能動的な聞き方」で受けとめることによって、教師にも生徒の状況が理解できます。生徒も気持ちが落ち着き、教師の気持ちを受け止めやすくなります。お互い素直な気持ちになり協力しようという気持ちになりやすいのです。

　しかし、教師が「わたしメッセージ」で自分の思いを伝え、生徒の反応を「能動的な聞き方」に切りかえて聞いても、生徒が行動を変えないことがあります。

　この場合は、教師と生徒の間に「対立」があることになります。

　「対立がある場合」については、第6、7章で述べていきます。

「問題なし」領域での自己表現

「問題なし」の領域は、教師も生徒も問題がない、すなわちどちらも穏やかでいられるところです。ここでこそ、「教授＝学習」が効果的に行われるところであり、またお互いの関係を深めるよい機会です。

この領域での自分を語る「わたしメッセージ」は、「生徒による教師理解」を促し、お互いの関係を深めるのに効果的です。

▼「宣言のわたしメッセージ」

教師が感じたこと、考えたこと、好き嫌いなどを生徒に表明することです。

(例)

・「私は、静かな環境が好きです」

・「私は朝ご飯は必ず食べます。」

（事例）高校での教師Ｈの授業

ある高校で、教師Ｈの時間は騒々しくて崩壊に近い状態でした。周りの教師からも「うるさい」と責められ、いろいろ手を尽くしたのですがうまくいかずとても悩みました。そんなとき、教師Ｈは教師学に出会い、自分の意志を生徒たちにはっきりと伝える事の重要性に気づきました。

数日後、授業の前に、

教師「僕は、ここで授業がやりたいんだ。それができないのは悔しい」と本気で叫びました。

生徒たちは、「そうだったの」と、先生の真剣さに圧倒されたようでした。

それから、実際、魔法にかかったように静かに授業を聞くようになったのです。

あまりにもあたりまえのことのようですが、今まで、このような教師の決意が伝わっていなかったのでしょう。教師が、真剣に自分の思いを言語化したことで、生徒にはっきりと教師の決意が迫力と共に伝わったのです。

▼「予防のわたしメッセージ」

これから起こるであろうと予測できること、また、教師が満たしたい将来の欲求などを前もって生徒に知らせておくメッセージです。

自分は、事態がどうなってほしいのかも伝えることができます。

(例)

・「今日話すところは、大切なところだからみんなによく理解できるように話すからね。みんなも一生懸命聞いてほしいよ」

・「私は、今年はみんなが率直に語り合えるクラスにしたいです」

・「今日の午後は、私は出張で外出します。用のある人は、午前中だったら時間があるよ」

学年の始まりなどに、「今年は、こんなクラスにしたい」「こんなことを大切にしたい」といった学級方針、ビジョンなど前もって伝えたいことを、自分の中で明確にして、クラスの生徒たちに伝えておくことも「予防のわたしメッセージ」でできます。

そうすることで、自分の中でも心構えができますし、生徒は、教師の思いを理解しやすくなりますから、多くの場合協力的になり、問題が起こりにくくなります。

教師の思惑と違ったことが起こってから「対決のわたしメッセージ」などで生徒に迫るよりも、ずっと気持ちよく楽な方法です。このように生徒の前で明確な「予防のわたしメッセージ」を送った年は、クラス運営がとてもやりやすいとの経験を語る教師の方は多いのです。

▼「肯定のわたしメッセージ」

教師が生徒の行動を受け入れているという、肯定的な感情を伝えるメッセージです。その人がやってくれたことに対して、楽しさ、嬉しさ、喜び、感謝などをその人に伝えます。人間関係の最高のプレゼントです。

(例)

・「日直が黒板をきれいに拭いてくれたので、授業をしっかりやらなければと気持ちが引き締まったよ」

・「みんなが宿題を忘れないから、先生も励みになるよ」

・「教室に誰も休みがなくて全員の顔がそろうと、みんな元気なんだと嬉しいね」

成績も素行も悪く手を焼いていた、中一の生徒Mへの対応について、教師学を学んだ教師Kの実践報告です。

（事例）「君の笑顔を見るとホッとするんだよ」

僕は、M君がそこにいるだけでイヤになっていました。M君もそれを察知してか、反抗的になったり、周りの生徒とケンカしたりと、ますます荒れてきました。それを見てまた僕も腹が立ったりして、「対決のわたしメッセージ」で気持ちを伝えたりしたのですが、うまくいきませんでした。

これではいけないと思い、もう一度M君の行動を、教師学で学んだ「行動の四角形」に、改めて入れてみました。

最初は、受け入れられない行動ばかりが出てきましたが、少し冷静に考えると、彼の笑顔を見るとホッとする自分に気づきました。これをM君に伝えてみようと思いました。

ある日、M君が来たので、

「僕は、君の笑顔を見るとホッとするんだよ」（肯定のわたしメッセージ）と伝えました。

M君は「ふん」と言って行ってしまったので、僕はその反応にがっくりしてしまいましたが、言いたいことは伝えたぞと自分に言い聞かせて納得しました。

それからしばらく経ったある日、M君が僕の周りをウロウロしていましたが、僕の顔を見ると「にーっ」と笑いかけたのです。「変なヤツだ」と瞬間思ったけれど、この前「君の笑顔を見るとホッとするんだよ」と僕が伝えていたことを思い出しました。

その日は僕が疲れていたので、彼はそのことに気づき、わざわざ笑顔をプレゼントしに来てくれたのだと思います。そう思うと本当に嬉しかったです。


教師Kが、ダメな困った子と思っていた生徒Mに、肯定的な思いを伝えることで、生徒Mからの反応が返ってきました。人間的なつながりの一歩が進められたのではないでしょうか。

教師Kに親しみを覚えた生徒M、生徒Mの中に、自分に対する思いやりすら感じることのできた教師K。お互いに相手に対する感じ方が変わり、絆が感じられる関係になったのです。

このような関係になることで、教師Kの伝えたいことが生徒Mに届きやすくなり、生徒Mもまた教師Kに話をしやすくなりました。これでより深い理解が、お互いの間に生まれる可能性が高くなったのです。

ここに、「教授＝学習」が成立する基礎が築かれます。

自分の顔は自分では見えないように、自分にはどんな良いところがあるのか、価値があるのか、自分では気づきにくいものです。教師が、ふだんの何気ない行動の中に、生徒の持てるものを見つけ、「肯定のわたしメッセージ」で伝えていくことの意味は大きいものです。思っているだけでは相手に通じません。ぜひ、言葉にして伝えたいものです。

他人に「認められたい」というのは、人間の大きな欲求です。「肯定のわたしメッセージ」を送ることは、この欲求を満たす大きな意味があります。生徒が自覚する、あるいは自覚しない美点を教師が見つけ、それを的確に表現することができれば、人間の持つ可能性を伸ばすことにつながるでしょう。生徒の思いがけない飛躍につながるメッセージです。

▼「肯定のわたしメッセージ」と「ほめる」こととの違いについて

ここで注意したいのは、「肯定のわたしメッセージ」を伝えることは、「ほめる」ことと同じではないということです。

ほめられることは人にとってイヤではないかもしれません。しかしゴードン博士は、自身の著書『自立心を育てるしつけ』（小学館刊）の中で、ほめることに伴う危険性について述べています。

例えば、

「あなたは、お手伝いできていい子ね」
「君は、作文がうまいね」
「よくやったぞ。(君は) えらい」

これらをよく見ると、生徒のことを言っている「あなたメッセージ」です。これには、「あなたメッセージ」の弊害と共に、いろいろな危険が潜んでいます。

・お互いの関係を優者と劣者、判断する者とされる者という形で決めつける。常に不平等の関係で、これは不安定で長続きしない。
・「ほめる」というのは評価であり、子ども自身の評価と一致しないとき、本当には理解されていないと感じ、信用しなくなる。
・ほめられなかったり、承認されなかったりすると、拒否されたと同じように感じてしまうことがある。
・ほめられるからしよう、怒られるからやめようというように、ほめ言葉に依存するようになる。そうすると自分で意志決定する能力が育ちにくい。

中でもいちばん大きな危険は、子どもが自分で自分を評価し、自分で決定し、自分で自分をコントロールしながら、自分の問題を解決できる、そんな人間になれる機会を、ほめる言葉がつぶしてしまうことです。

それに比べ、「肯定のわたしメッセージ」は、教師の中で起こっている本当の感情・事実を伝えているので、教師の考え方、人柄が伝わるメッセージになります。教師と生徒の人間的な絆が生まれやすいのです。その上、生徒がほめ言葉に依存することなく、自己決定する余地を残したメッセージでもあります。

「肯定のわたしメッセージ」は、教師の本当の感情と、その感情の強さを、正確に表すものでなければなりません。生徒を操作するために使うのではないことに注意する必要があります。

「問題なし」領域で、教師が「宣言」「予防」「肯定」などの「わたしメッセージ」を出すことで、教師の考えや思いが生徒にわかりやすくなります。それによって「生徒による教師理解」が深まり、教師に対する親しみが生まれる材料が提供されることにもなるのです。

わたしメッセージの効果

教師がわたしメッセージを使うと、目覚ましい成果が上がります。

生徒は、教師がどのように感じているかを知って、びっくりすることが多いのです。そうすると生徒のほうも、ありのままに応えるようになります。

「私のせいで先生がそんなに困るなんて、知りませんでした」

「先生を邪魔しているなんて、僕たちは知らなかったんです」

「わたしメッセージ」は、生徒について表現しているのではなく、教師自らのことを表現しているので、生徒は耳を傾けやすく、わかりやすいのです。教師の中に起こっている事実を伝えるので、迫力もあります。

人は、自分の行動が他人にどんな影響を与えているか、気づかないことが多いものです。その一方で、正直に非難がましくなく、受け入れられない行動とそれによる具体的な影響を伝えられると、予想以上に相手のことを考えるようになります。それは、どんなに小さな子どもでも同じです。生徒は、自分の行動が教師に影響を与えることを知ると、教師を思いやって行動を変えやすくなります。

教師が生徒に対し、本当の自分の思いを伝えることができれば、生徒は教師の期待に応えたいという気持ちを持ち、自分の行動に責任を持ちたいと考えるようになります。生徒のこのような気持ちを教師のほうが過小評価していることはないでしょうか。

教師が「わたしメッセージ」を送れば、生徒も正直なメッセージを返しやすくなります。お互いが率直に自分を出すことで理解が深まり、お互いに尊重し合う気持ちも生まれてきます。

何よりも、教師自身が、我慢、犠牲、あきらめでなく、わたしメッセージで自分の感情を表現することによって、まず自分の気持ちが軽くなり、自分が救われます。自分の感情処理としての効果も大きいのです。

わたしメッセージで表現することによって、生徒に理解され、結果として生徒の行動が変わればさらに満足が得られることになります。

教師は自分の気持ちに正直になり、ありのままの自分でいられるようになります。

教師が自分の感情に鋭敏になることは、生徒の感情にも敏感になり、受け入れやすくなるということです。

「わたしメッセージ」と「能動的な聞き方」とを組み合わせて使うとき、教師も生徒もお互いを大切に思え、関係はよりよいものに発展します。

▼教師の自己表現能力

教師学の大きな特徴は、教師の自己表現の「わたしメッセージ」があるということです。

教師は、感情や欲求を持った人間です。

「自己表現」の「わたしメッセージ」は、教師が自分の感情や欲求に気づき、自分の内面で起こっていることを語り、自分自身を伝えていくことです。

教師は、本来「話す」ことが仕事ですが、自分の内面を語ることは少なかったと思います。しかし、教師が、「わたしメッセージ」を出そうとすることで自分を知り、自分を知りながら、「わたしメッセージ」を出していくことは、生きているという実感を味わえるところです。

教師が「わたしメッセージ」で「わたし」を表現していくことは、教師という鎧を脱いで「ありのままの人間として行動する」、教師の人間性の回復でもあります。同時に、それは「生徒による教師理解」を促すことにもなります。

生徒にとっては、「人間としての教師」はわかりやすく、とても身近な存在に感じられ、影響を受けやすくなるでしょう。

教師と生徒の関係は、より深められ、教師学で求めている、「教授＝学習」を効果的に行えるようになるのです。


教師学の、この「自己表現」を学ぶ中で、教師の「話す力」についても考えさせられます。知識を伝えるにしても、指導をするにしても、相手がわかるように、的確に、明確に、伝えているか、その内容は適切か、とあらためてふりかえりたくなります。

「子どもの聞く力が育たないのは、教師が聞かせる話ができないからだ」との指摘もあります。教師の「話す力」「言語能力」を高めなければならないという側面もまた、忘れてはなりません。

第５章 生徒の成長を促す「能動的な聞き方」

生徒が援助を必要とするとき

よく欠席をする、いつもぼんやりしている、みんなと遊ばない、落ち着きがない、すぐ怒り出す……など、教師が「何かおかしい」「何かあるな」と感じるような行動を生徒がとることがあります。そのような状態を無視して、知識を教えようとしても、その生徒は学ぶ準備ができていないのではないでしょうか。

このようなときは、「生徒が問題を所有する」のです。行動の四角形の、いちばん上に入る行動です。（図15）

問題を持っている生徒は、心が不安定になっており、学習能力は極端に低くなっています。このときこそ、教師の援助が必要です。

生徒は「教科の勉強をする」以外にも、教師の手助けを必要としているのです。

図15

教師は、生徒が問題を持っていることを「理解する」だけでは不十分です。生徒に対して効果的に対応しなければ、生徒にとっての助けにはなりません。教師の効果的な援助があってこそ、生徒は自分で問題を解決することができることも多いのです。その結果「問題なし領域」が広がり、生徒は落ち着いて、学習にも身が入るようになります。このことは、生徒による問題解決の経験ともなり、生徒の成長を促します。しかし、ここで大切なことは、教師が「どのように援助する」か、ということです。

▼サインを読みとる

生徒は、悩みや困ったことがあるとき、いろんな行動をとります。悩みの「サイン」がでているのです。

・泣く
・ぼんやりしている
・机にうつぶしている
・顔色が悪い
・無口になる
・すぐ友達を殴る
・ふてくされる
・反抗する
・暴言を吐く
・ものを壊す
・「Aちゃんのバカ！」と言っている
・「この宿題できません」と言う

言葉によらない（非言語的）サインもあれば、言葉による（言語的）サインもあります。
生徒が「沈んだ顔をしている」などというとき、教師は、「あの子はだいたい暗いのよ」

などというレッテルを貼って、片付けていることはないでしょうか。悩みがあるというサインかもしれないので気をつけたいものです。

生徒からのサインに気がついて、生徒の側に何かあるな？　何だろう？　と教師が思えたとき、その行動を「行動の四角形」のいちばん上の「生徒が問題を所有する領域」に入れることができます。

このときこそ、教師の援助が必要です。

問題を持つ生徒を助ける方法

生徒が何か悩みを持っているらしいと気づいたとき、どうすることが生徒の助けになるのかを考えてみましょう。

▼効果のうすい接し方

例えば「友人との関係がうまくいかずに困っている」生徒に対して多くの教師は、助けたいと思い、「ああすれば」「こうすれば」と教えたくなったり、「そんなやり方ではダメだ」

「生徒に仲良くなってほしい」などと思い、次のような言葉をかけるのではないでしょうか。それが生徒のためだと思うからこその言葉です。「おきまりの十二の型」とよばれる対応です。

1. **命令・指示**
「文句ばかり言わないで、仲良くやりなさい」
2. **注意・脅迫**
「仲良くできなければ、どこに行っても人とうまくやれないよ」
3. **訓戒・説教**
「友人は、大切にしなければいけないよ」
4. **講義・理詰めの説得**
「君たちがうまくやらないと、他の人たちも困るだろう」
5. **助言・解決策の提案**
「一回きちんと話し合ってみたらどうかな」
6. **非難・批判**
「わがままだね」

7. **悪口・侮辱**
「君もひどいね。よくこれで友達づきあいができるね」

8. **解釈・分析**
「君が自分勝手なことばかり言ってるんじゃないだろうね」

9. **同意・賞賛**
「君は力があるよ。やればうまくできるよ」

10. **激励・同情**
「そんなこと気にしないで、がんばりなさい」

11. **質問・尋問**
「前は仲良かったんだろ? 何でうまくいかなくなったんだ? いつも一緒に行動しすぎてるんじゃないのか?」

12. **ごまかす・皮肉**
「友達のこともいいけど、勉強のほうも忘れるな」

教師は、問題を抱えた生徒を助けたいと思い、生徒の悩みを軽くし、その悩みから生徒を救い出したいと思うからこそ、このような対応をするのです。しかしこれでは、教師の思いは伝わらないどころか、生徒は問題を解決できず、口をつぐんでしまったり、次のような新たな問題を抱えたりしてしまうのです。

・これ以上この先生に話してもダメだ
・わかってもらえない
・邪魔された
・腹が立つ
・反抗したくなる
・先生は僕をダメな奴だと思っている
・自分が悪いと自己評価を下げる
・自分は信用されていないと感じる
・悪いことをして取り調べを受けているように感じる

このような「おきまりの十二の型」で対応された生徒は、教師との相互理解を妨げられ、関係が破壊されたと感じてしまうのです。

▼効果のある接し方は、聞くこと

生徒は、本来自分で問題解決する能力を持っているのです。しかし、悩みに押しつぶされていると、その力を発揮することはできません。このようなときこそ教師の助けが必要です。

生徒が自分で問題解決するための最大の援助は、教師が問題を抱えた生徒をありのままに受容し、それを伝えることです。そしてこれが、教師と生徒の関係をよくするための大きな効果を発揮します。

先に述べたおきまりの十二の型は、いずれも生徒を受け入れていないことを示します。問題を所有して悩んでいる生徒に、「あなたがいまのあなたのままではいけない、あなたが変わるべきだ」とばかり言っているのです。これでは、悩みもなくならないばかりか、教師と生徒の関係をよくする効果も期待できません。

生徒が困っているときに、まず教師ができることは、その悩み・問題が何であるかをありのままに、正確に理解する努力をすることです。すなわち、生徒がその悩み・問題点について「語る」ことができるように援助するのです。ここでは、教師に、正確に「聞く」

能力が求められます。

教師が聞くことによって、生徒は、落ち着いて自分に向き合い、気持ちを整理し、自分の問題が何なのかが見えるようになってきます。こうなって初めて、生徒は、自分で問題を解決する糸口をつかむことができるのです。

教師もまた、ここで初めて、生徒が何に悩んでいるのか、どんな状況にいるかを理解することができます。この「教師による生徒理解」が、悩んでいる生徒にとっての援助です。そのためには、教師が語るのではなく、聞くことが大切になります。

生徒の悩み・問題を聞くためには、いろいろな方法があります。それらの方法を学び、訓練することによりその能力を向上させることができます。

▼受動的な聞き方

「悩んでいる生徒を救う最善の方法のひとつは、全注意を相手に向け、共にいること」です。これは、相手を受け入れるための基本的な姿勢です。

(1) 沈黙

教師が黙って耳を傾ければ、「受容しているよ」と生徒に伝えることになり、生徒は、安心して自分のことを話すことができるようになります。

(2) あいづち（承認を表す反応）

「ふーん」「なるほど」「そうか」といった言葉、あるいは微笑、うなずく、身をのりだすといった動作などによって「聞いてるよ」と相手に伝えることができます。これによって、生徒は「ああ、話しつづけてもいいんだな」と感じることでしょう。

(3) うながし（心の扉を開く言葉）

「それから」

「何か話したいことがあるのね」

「そのことを、もう少し聞かせて」

こういう言葉を聞くと、生徒のほうは、教師がそのことに関心を持っていることがわかるので安心して話せるようになります。しかも話の内容に評価を下すわけではない（否定も肯定もしない）ので、たいへん話しやすいと感じることでしょう。


以上のような聞き方は、話を聞くときの基本であり、生徒は話しやすくなります。

しかし、これらの方法にも、実はある種の限界があります。それは、生徒には教師が自分の言葉に耳を傾けているのはわかるのですが、教師が「本当に聞いているのか」「どれだけ正確に理解しているか」は知ることができないという限界です。生徒がただ一方的に語ってはいるけれども、双方の理解が成立しているか否かは不明です。

これに対して、限界のない聞き方が、教師学で「能動的な聞き方」とよばれる方法です。

この聞き方を理解するために、まず「コミュニケーションの過程」を簡単に説明しましょう。

▼コミュニケーションの過程

人間の内部で何かが起き、他人に話しかける――ここからコミュニケーションが始まります。

例えば、生徒が成績が下がって、がっかりしている場合を考えてみましょう。（図16）

①（a）「生徒」（送り手）は、内部で起こったこと、すなわちがっかりしていることを

何らかの記号として外に表します（記号化）。つまりサインを送るのです。

それは、顔の表情だったり、言葉、身振りなどです。この場合には、「成績下がっちゃった」という言葉と共に、たぶん沈んだ声の調子、不満のある顔の表情が伴っていることでしょう。

②（b）「教師」（受け手）は、そのサインを受け取り、「何かあったのかな」「何だろう」と読みとります（解読）。

生徒の内部は直接見ることはできませんので、解読は推測になります。したがって、この解読したことが正しいかどうかを確認するために、教師は受け止めたことを記号化して、「がっかりしたんだね」と生徒に返します。これをフィードバックとよびます。

③（c）生徒は、フィードバックされたものを確認して、（「そうなんだ」「いやちがう」など）それに反応します。これで、教師は自分が生徒を正しく理解したか否かがわかります。

これで、やっとコミュニケーションが成立しました。

コミュニケーションとは、本来このように丁寧にキャッチボールをしながら、話し手の内部で起こっていることを確認する作業があって初めて、成り立つものなのです。

図16　コミュニケーションの過程

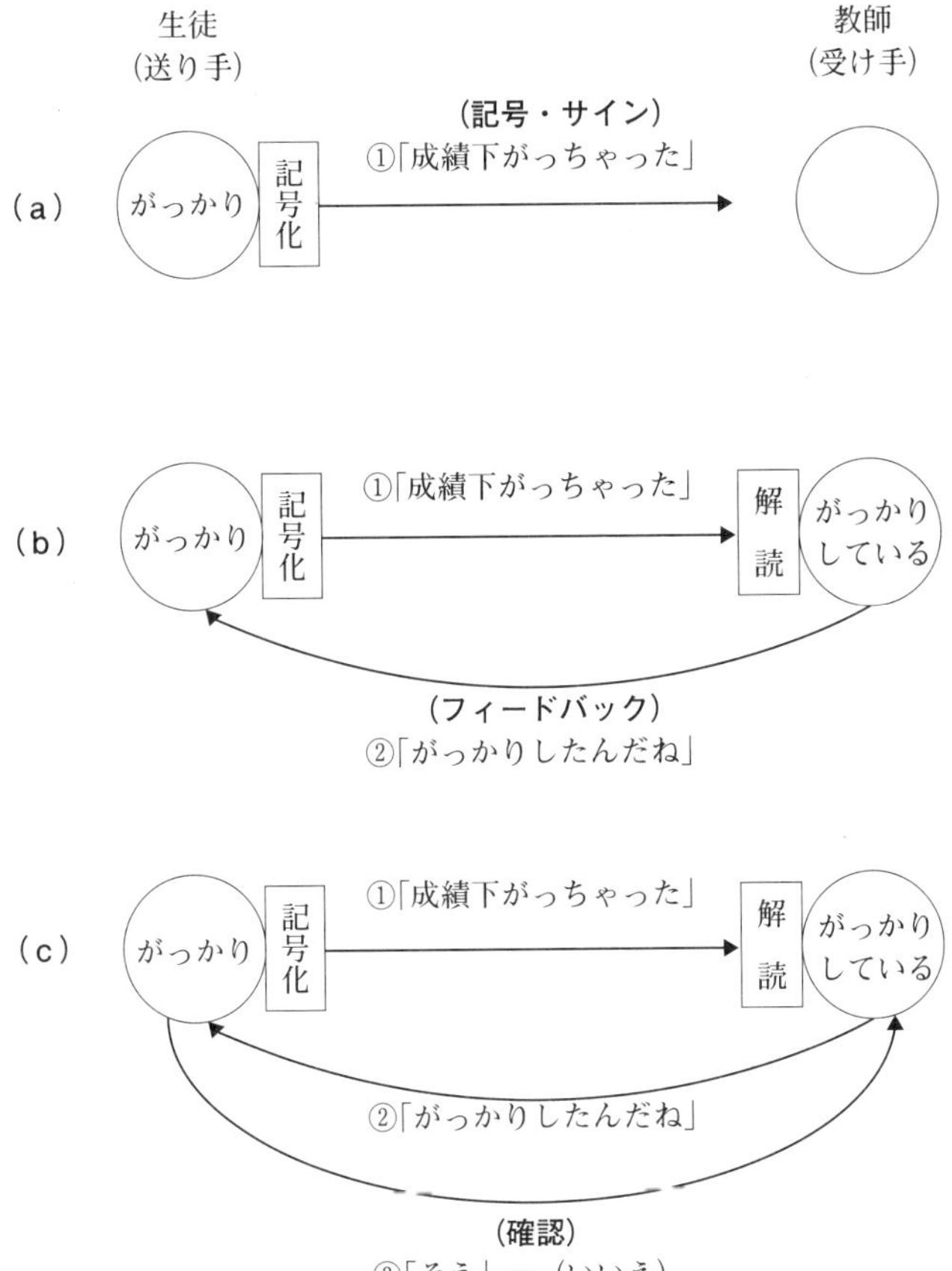
生徒
(送り手)
教師
(受け手)
(a)
(記号・サイン)
①「成績下がっちゃった」
がっかり
記号化
(b)
①「成績下がっちゃった」
がっかり
記号化
解読
がっかりしている
(フィードバック)
②「がっかりしたんだね」
(c)
①「成績下がっちゃった」
がっかり
記号化
解読
がっかりしている
②「がっかりしたんだね」
(確認)
③「そう」or（いいえ）

▼ 能動的な聞き方

図16の（b）の②のフィードバックの過程を「**能動的な聞き方**」といいます。効果的なコミュニケーションを成立させる重要なステップです。

「能動的な聞き方」は、メッセージの受け手である教師が、その送り手である生徒に、フィードバックして自分の理解を確認することです。そのとき教師は、生徒の内部で何が起きているのか、どう感じているかに焦点を合わせます。また、生徒の立場に身を置き、生徒が今いる状況・感情などを推測しながら行います。

この過程があることで、生徒は教師が正しく自分のことを理解したか否かがわかるのです。

「能動的な聞き方」は、具体的には、次のような三つの方法があります。

① **くり返す**
相手の言葉をくり返すことによって相手の気持ちを確かめる。

② **いいかえる**
相手の話した内容を自分の言葉でいいかえて、整理して伝える。

③　**気持ちをくむ**

その言葉を口にした相手の気持ちをくんで返す。

例えば、「成績下がっちゃった」という生徒の言葉に対する①、②、③による対応は、

①「成績が下がったのね」
②「前より悪くなったのね」
③「がっかりしてるのね」

です。

例えば、教師の元を訪れて「この問題はわかりません」という言葉が生徒の口から出るとき、この生徒はどんな気持ちを持っているのでしょうか。

「とても困っている」「何とかしたい」「くやしい」「わかりたい」など、人によっていろいろでしょう。その気持ちをわかろうとし、こちらが推測したことを相手に確かめていく。そのプロセスが「能動的な聞き方」です。

実際の会話の例を使いながら、具体的に検討していきましょう。

（事例）「自分でできた」

生徒「この問題わかりません」
教師「この問題が解けないで困っているのね」（能動的な聞き方）
生徒「そうです。ここまではわかったのですが、その先がわからないのです」
教師「途中まではできたのね」（能動的な聞き方）
生徒「そうです」
教師「そうか。じゃあ、ここまでもう一度たどってみよう」
生徒「ここをこうやって、ここをこう……。
　ああ、わかったあ！　もういいです。なあんだ。簡単、簡単！」
教師「ゆっくり見直せば自分でできたんです」
　「そう、よかったね」
生徒「はい、僕もやれます」

このときの生徒の喜びよう。「やれた！」「自分でできた」「できるんだぞ」という得意げな顔。意気揚々と帰っていきました。

感動、満足、自信。これが意欲を引き出してくれます。こんな生徒の姿を見ると、教師である私も満たされた気分になり喜びが生まれます。

教師が「能動的な聞き方」をすることによって、「何が問題なのか」「何のために来たのか」「何を知りたいのか」が生徒自身にも、教師にも正しくわかってきました。

さらに、この教師が生徒の気持ちを確かめていくプロセスが、そのまま生徒の思考を促すことにつながっています。

「能動的な聞き方」はまた、悩んでいる生徒を、教師がそのまま受け入れていることを伝えることになります。このことから、今度は生徒自身も、自分をありのままに受け入れることができるようになります。自分の持つ悩み（問題）に素直に向き合えるようになり、自分で考え、判断し、さらに、解決策を見出す方向に進んでいきます。生徒自身に解決の責任を持たせることができます。

もし、教師の指導が生徒から求められれば、その生徒が求めていることについて、教師は指導ができることになります。

先の例でも、生徒の話を聞くことで教師は的確に対応でき、教師も生徒も満足できたのです。教師と生徒が、しっかりとかみ合うかかわりができたのです。

「能動的な聞き方」の大きな成果です。

教育は、このように、生徒の実情をしっかりと読みとり、生徒が求めていることを見つけ、それに応えていくことで効果的に行うことができます。「教える」ことと「学ぶ」ことがかみ合います。「能動的な聞き方」で、それが確実に実現できるのです。

(事例) 提出物を出さない生徒 (中学生)

クラスの生徒Aがどの教科の提出物も出さないので、話を聞いてみることにしたときのことです。

教師「君は提出物を出さないことが多いので、どうしてかなと、先生方が心配しているんだ。そのことについてどんなことでも話してみてくれないかな」(うながし)
A「出さないから僕が悪いんです」
教師「出さないのは自分の責任だと思っているんだね」(能動的な聞き方)
A「はい」

教師「出さないってことについて、もう少し、聞かせてほしいんだけれど」（うながし）

Ａ「やってあるけど、出してないんです」

教師「やってはいるんだね」（能動的な聞き方）

Ａ「学校にも持ってきているけれど……」

教師「やってあるけど、出せない理由があるみたいだね」（能動的な聞き方）

Ａ「はい……」

教師「……なぜだか、聞かせてくれる」（うながし）

Ａ「自信がないから……」

教師「提出物の内容に、自信がないんだね」（能動的な聞き方）

Ａ「そう。ちゃんとできているかどうか……」

教師「この内容で大丈夫って思えれば出せるんだけれど、自信がないから出せないんだね」（能動的な聞き方）

Ａ「そうなんです」

教師「どうしたらいいか、自分でも困っていたわけだね」（能動的な聞き方）

Ａ「はい」

教師「どうしたらいいかな」

A　「……」
教師「提出日前日に、先生のところへ持っていって、見てもらうということもあるね」（提案）
A　「……そしたら、出せると思う。でも、そんなことできますか」
教師「先生方には僕のほうからもお願いしておくけれど、君も頼んでごらん」（指示）
A　「やってみます」

このやりとりでは、「能動的な聞き方」を続けながら、生徒Aは、「自信がないから出せない」「それで困っている」ことがわかりました。その後、生徒A自身が解決策を出してくれるといいのですが、そこまでは無理だと判断したので、私のほうから解決策を提案することになりました。

その他、生徒Aは、「不完全なものを提出することはいけない」という考え方や、「自分の判断で決められない」という心理的な問題を持っていることがわかりました。そのことについては改めて面接したり、折にふれて語りかけていくことにしました。

この教師は、ただやみくもに提出物を出しなさいとせかすのではなく、「能動的な聞き方」をしていくうちに、生徒Aはどんな問題を持っているのかがわかってきました。

「提出物の内容に自信がない」というその問題について、どうしたらいいか一緒に考え、解決策を具体的にいくつか考えることができました。

生徒Aもこんな教師に支えられながら自分の問題点を克服していけるようになるでしょう。

このように、「能動的な聞き方」は、生徒の成長を促す大きな力になるのです。

能動的な聞き方の応用（介入的援助）

学校のような集団生活の中では、人間のぶつかり合い、ケンカは必ず起こります。そのようなときこそ、互いに率直に自分の気持ちを表現することでお互いが、わかり合えるチャンスにできます。しかし、ケンカをしている当人どうしは感情が激している場合が多い（生徒が問題を所有している）ので、冷静に話すことがむずかしいのです。この時こそ第三者の介入が必要です。

生徒どうしが対立しているとき、そこに立ち会った教師は、往々にして裁判官になりどちらが悪いと裁きをしたり、通訳になって片方の気持ちを代弁したりしがちです。生徒間の対立をなくし、仲のよい関係にもどしたいとの思い、生徒を指導したいとの思いからの行動ですが、結果は必ずしも教師の思うような効果を生みません。生徒の一方に不満が残る、あるいはどちらの生徒も不満を持ってしまうことも珍しくありません。

こんなときは、生徒自らに対立の解決をまかせながら、教師が、その解決に手を貸す方法として、「能動的な聞き方」が力を発揮するときです。相手が複数の場合にも、「能動的な聞き方」は、大きな効果を発揮します。

教師が生徒の双方の話を「能動的に聞く」ことで、生徒どうしが冷静になり、自分、そして相手の状況を理解できるようになります。そして、そこで教師が裁判官にならなくても、当事者どうしで解決の道筋がみえてくるのです。

これを「介入的援助」といいます。ここでは、教師が生徒間の問題解決の促進者（ファシリテーター）になるのです。

援助があると、幼い子どもでも自分で考える力を発揮できます。

（事例）ケンカの解決は気持ちを聞くことから

保育士

相手 園児R（三歳）、園児E（三歳）

状況 Rが大泣きで立っている。「Eちゃんのバカ！」とひと言って泣きつづけている。

保育士「Rちゃん、どうしたの？」
R「……Eちゃんが赤い車とった」
保育士「Eちゃんの乗っている車に乗りたいのね」（能動的な聞き方）
R「Rが最初乗ってた」
保育士「Rちゃんが最初乗ってたんだ。それをEちゃんが乗っちゃったので、泣いていたんだね」（能動的な聞き方）
保育士「（Eちゃんへ）Eちゃん、Rちゃんが赤い車乗りたいんだって。はじめRちゃんが乗ってたんだって」
E「……」
保育士「Eちゃん、知らなかったのね」（能動的な聞き方）
E「うん」
保育士「Eちゃんは知らなくて乗っていたんだ」（能動的な聞き方）
保育士「（二人に）どうしようか。Rちゃんも、Eちゃんも赤い車乗りたいんだね……困ったね」

R　「かわりばんこに乗ればいい」
保育士「Eちゃん、それでいい……」
E　「うん」
　　――しばらくして――
E　「先生、見て」（Rに車を貸してあげたことを報告に来る）
保育士「先生、とっても嬉しいな」

感想　子どもからかわりばんこに乗ればいいという答えが返ってきたことに、驚きを感じた。その後Rは、自分が使っていたものをEに貸してあげる、という姿が見られた。

三歳の子どもでも、「能動的な聞き方」で自分の気持ちを聞かれることで、安心し、気持ちも落ち着いてきます。（情緒の安定）
そうすると、冷静になって、自分で問題を解決することができるのです。（自発性）
しかも、「かわりばんこに乗る」「貸してあげる」と、相手を思いやることもできてきました。（社会性・思いやり）
こうして、子どもはしっかりとした知的能力・生きていく力を獲得していきます。
「能動的な聞き方」が、子どもの成長を大きく促進させることを示す例です。

能動的な聞き方が効果を上げるための条件

「能動的な聞き方」は、生徒を受け入れ、援助するためのすばらしい方法です。しかし、その援助が効果的であるためには一定の条件が必要です。

▼教師（聞き手）の側の条件

(1) 生徒を助けたいと心から思っている。そのための時間を割かなければならない。
(2) 教師は、生徒が自分とは感じ方・考え方も違う、別の人間であると認め、生徒が表現した感情を、教師は「ありのままに、心から受け入れる」ことができている。
(3) 生徒は自分の問題を、最終的には自分で解決できる能力を持っていると教師は心底から信じている。
(4) 教師は、生徒の感情を自身のものであるように体験しなければいけない（共感する）が、それによって自分が落ち込んだり、悩んだりしない。
(5) 教師も人間であることを認める。自分の感情にも素直になり、それを伝えることができる。
(6) 生徒が、具体的な助けや、情報を求めているときには(正当な依存)、きちんと応える。
(7) 苦手な問題が見つかれば、「これは私には苦手だ」とはっきりと素直に言う。(場合によっては、この種の問題が苦手でない人のところへ、生徒を相談に行くように薦めることができる。)
(8) プライバシーや秘密を守ることができる。

▼生徒(話し手)の側の条件

(1) 生徒が問題を持っている。(強い感情や体験を持っている。サインが出ている。)
(2) 聞いてほしいというそぶりが見える。(そうでないときに、「能動的な聞き方」をすると、「ばかげた対応」に感じられるかもしれない。条件が整っているかどうかわからないときには、「能動的な聞き方」を試してみることはできる。そして、相手の反応を見れば、それが適切であったかどうかがわかる。)

▼ このような条件が整わないときに起こり得ること

(1) 生徒を、教師が好む方向へ操作しようとする。

(2) イライラして、生徒を受け入れていないことが伝わってしまう。実際に、伝えてしまうこともある。

こうなると、生徒は自分で問題を解決する意欲を失い、今後問題が起こったときに、この教師に話す気持ちも起こらなくなってしまうでしょう。

能動的な聞き方の効果

(1) **感情を表出し、情緒が安定する。**

悩みがあるときには、生徒はその悩みで感情が高ぶっていることもあります。教師が能動的な聞き方をすることによって、生徒は激しく厄介な感情を表出し、その感情から解放されます。こうして、情緒が安定し本来の学習課題に取り組めるようになるのです。

(2) 自分の感情を恐れなくなる。

感情が「悪い」ものではない、「感情は友達だ」ということを理解させることができます。教師が能動的な聞き方をすることで、生徒は自分の否定的感情も十分に味わい、自分の弱さと向き合うことができるようになります。そして、自分なりにその感情を処理することができていくのです。感情の扱いになれていない子どもにとって、とても大切な援助です。

感情が処理できず、激していきなり、ナイフを突きつけるのでなく、「激している」自分、「腹が立っている」自分を、自分で見つめ、「何について」「なぜ」と自分の感情に向き合えるようになるのです。

(3) 生徒の思考作用を促進することで、自分で問題解決する力がつく。

「能動的な聞き方」は、安心して内面を語るのに大いに効果があります。聞いてくれる人がいるから、生徒は話せるのです。話しながら、表面的なことから、本質的なことへ問題点を掘り下げて考えることができるようになります。悩みの本質が見えると、適切な解決策も見つけやすくなります。「言葉によって問題を口に出す」、「声に出して考える」ことから、生徒の話す能力が育ち「最後まで問題解決をやり通す」ことを可能にします。

「思考力」、「表現力」、「洞察力」、「判断力」、「創造性」を高め、「問題解決能力」を磨いていくことができます。

(4) 問題を分析・解決する責任を生徒にゆだねることで責任感が身につく。

こうやって、生徒が自分で解決策を考える事ができると、やってみようというように気持ちが動きやすくなります。(自発性、決断力、実行力)

そして、自分で決断し行動に移したとき、その行動に責任を持つのです。(責任感)

その結果、自分で問題解決できたという、「喜び」や「感動」を味わい、「自信」につながり、「意欲」も出てくることでしょう。

このようにたくさんの能力が生徒の中に育ちます。これこそが生徒の「自主性」を育み、「生きる力」を育てることにつながるのです。

現代の子どもたちが「考える力」「生きる力」がないのではありません。無気力、無関心、無感動な若者なのではなく、自分で考え、判断し、行動するチャンスを与えられていないので、それらの能力が育っていないのです。

(5) 教師と生徒の間に、より「親密で重要な関係」が育つ。

教師が生徒の言葉に耳を傾ければ、生徒は自分にも優れた価値があり、尊重されている存在なのだという「自尊心」が高まります。満足感が高まり、自分を受け入れる教師に温かい気持ちを持つでしょう。教師のほうも、生徒を幅広く理解し、短時間でも相手の立場に身を置くことで、生徒に対する親近感を感じることでしょう。

生徒の生活に二、三歩入り込み一緒に歩くのは、共感の行為です。尊敬と愛情の関係に発展していきます。

(6) 自分の話を聞く教師に心を開く。

教師が自分を受け入れ、信頼して問題解決を自分にまかせたと感じる生徒は、教師に対しても心を開きやすくなります。同時に他者を信頼し、他者に対する「思いやり」を持つようになります。

それと同時に、生徒は、教師の対応を見て「人の話を聞く」姿勢、聞き方を学びます。さらに、お互いの話を聞くことがお互いを尊重することなのだと、体験から学ぶでしょう。

例えば、生徒たちの私語が多いということも、「聞く」ことを学んでいない、本気で聞いてもらった体験が少ないので、この能力が育っていないということもあるのでしょう。

「自分の言うことを生徒はちっとも聞かない」と嘆いている教師は、生徒の言葉をしっかりと聞いているか否か、自問してみる必要があるでしょう。

(7) 「教授＝学習」の時間が増え、質を高めることができる。

生徒の問題が解決し、「問題なし」領域が広がります。「教えたい」「学びたい」という本来の目的を達成することができます。

本来、授業をするということは、生徒のことがわかり、そこにこちらが伝えたいことを伝える相互作用でもあったと気づかされます。

(8) 教師の成長も促す。

「能動的に聞く」ことで、生徒の本当の気持ちが理解できるようになります。教えられ、気づかされることがたくさんあり、教師の成熟も促されます。

第6章
対立を解決する「第三法（勝負なし法）」

教室での対立

教師は、生徒の行動が受け入れられず、その行動を変えたいと思うときに、「対決のわたしメッセージ」を送ります。それに生徒が反発したときには、「能動的な聞き方」に「切りかえ」ます。しかし、これだけで生徒の行動が変化するとは限りません。なお「教師が問題を所有する領域」に生徒の行動が残ってくるものがあります。（図17）

それは、ある意味で当然のことです。「わたしメッセージ」は、教師の思い・考えを伝えてはいますが、生徒を教師の思うように操作するためのメッセージではないからです。教師が「わたしメッセージ」を送っても、生徒がそれに応じて自分の行動を変化させるか否かは生徒にまかされています。

図17

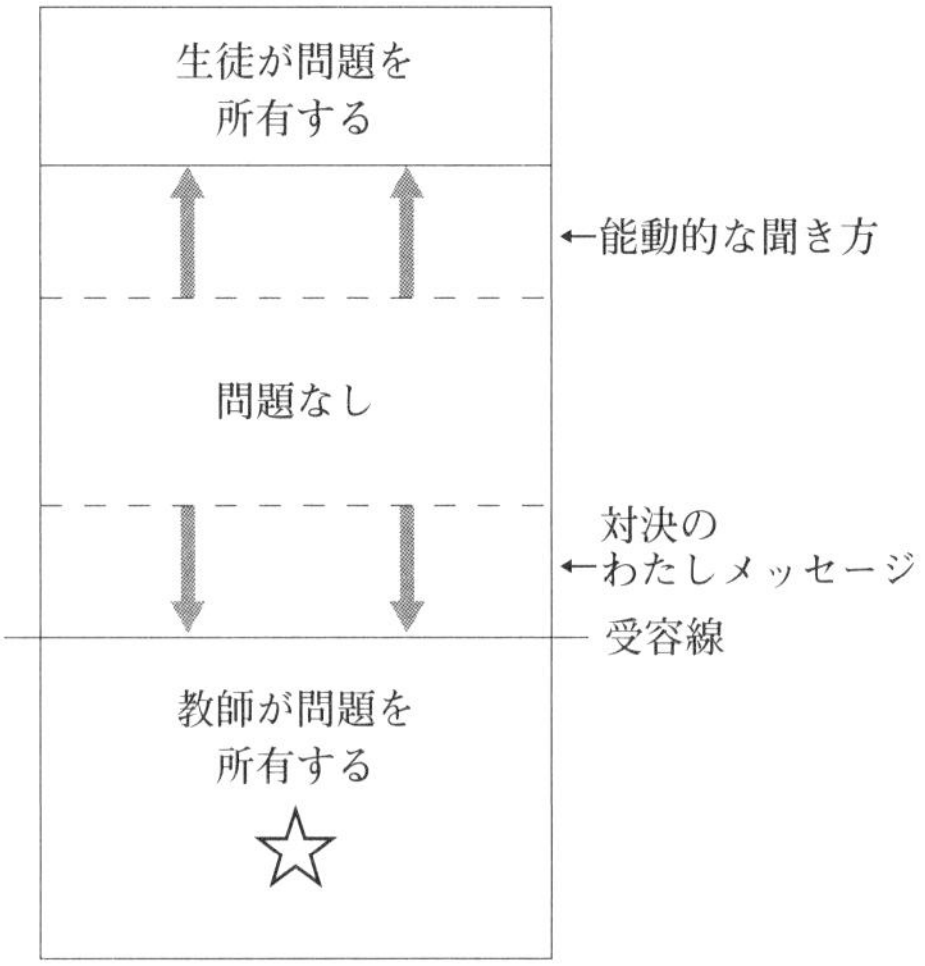

そのうえ、教師の「わたしメッセージ」で、生徒が教師の思いは理解しても、生徒にはその行動をするのに、生徒なりの理由があれば、自分の行動を変えようとはしないでしょう。

人は一人ひとり、顔も違い、感じ方・考え方も違い、異なった欲求・欲望を持っています。率直に自分の感じたこと、思ったこと、してほしいことを表現すると、その違いはより鮮明になります。その違いが「対立」です。

二人の人間、二つのグループが共存すれば、対立は起こるのが当然です。意見の相違からケンカに至るまで、いろいろな内容を含んだ対立が起きます。

もちろん、教室で教師と生徒の間でも、同僚との間でも、上司・保護者との間でも対立は日常的に起こっています。なぜなら、お互いの間に違いがあるからです。

「対立・葛藤は、人間関係の真実の瞬間だ」と『教師学』のゴードン博士は述べています。対立・葛藤は、人生の一部であり、あって当然のものなのです。大切なのは、その「当然起こる対立」をいかに解決するか、という解決のあり方です。いかに解決するかが、人間関係の健全さを試すときであり、その関係を強化もすれば、弱体化もできます。敵意・憎悪・心の傷を後まで残すことになるかも知れない決定的な事件となることもあれば、また互いに理解し合い、深いかかわりを築くきっかけにもなるのです。対立は避けるものではなく、建設的に解決するべきものだ、と説くのです。

対立が起こるか否かではなく、どうやって解決されるかこそが、あらゆる人間関係でいちばん大切なことです。

教師と生徒の間にも対立は起こります。

これには、次のような場合が考えられます。「対決のわたしメッセージ」を教師が、伝えても、

① **生徒は、教師への影響を認めるが、自分の行動を続けたい（やめられない）強い欲求を持っている。そのために抵抗し、その行動を変えない。**

これを「欲求の対立」とよんでいます。これをどのように解決するのかをこの章で述べていきます。

② 生徒は、自分の行動が教師へ影響を与えているとは認めない。あるいは、実際に教師への具体的影響がない場合、「教師には関係ない」と、その行動を変えない。

これを「価値観の対立」とよんでいます。この「価値観の対立」については、次章で述べます。

教師学では、①欲求の対立、②価値観の対立のどちらの種類の対立であるかによって、教師の生徒に対する対応が異なってきます。この二つの対立の違いは、「教師への影響」を生徒が認めるか否かで分かれますので、それぞれ検討することが必要です。

欲求の対立を解決する方法

教師も生徒も欲求を持っており、そこから対立は生じます。生徒が、教師への影響を認める場合の「欲求の対立」について、まずこの章で述べていきます。

例えば、「授業中騒がしい生徒を前にして、教師が何度注意しても生徒は行動を変えない」教師は生徒が集中して聞く授業を行いたい。生徒は集中していない。

欲求の対立がある場合には、三つの解決の方法があります。

▼第一法　教師が勝って生徒が負ける

・授業を聞かないのは生徒が「悪い」。
・生徒は当然、教師に従うべきだ。
・生徒を甘やかすから、教育問題が起きる。

教師の決めた目標に生徒を到達させるために、指示・命令、ほめたりすかしたり、競争でやる気をもたせようとしたり、言うことを聞かないと脅し・暴言・力ずくで従わせる。その極みが体罰です。

激しい体罰を受けたある中学生が、その場で自分の中でどんな気持ちが起こったか、どう変化していったかを私に話したことがありました。

『自分は、それまでも校則違反をしたり、口答えをするというのでにらまれていたと思います。

その日は何もしないのに、いきなり何人もの先生に取り囲まれ何十発も殴られたんです。

初め「何で？」（疑問）。次に「こんちくしょう！」（反発）。その内、何も感じなくなり、「やるならやれ！」（開き直り）。そして、「どうしたら、あいつを辞めさせられるか」（不信感）（恨み、憎しみ）（復讐心）へと、殴られながら自分の気持ちが変わっていきました。』

ここに、「生徒を思う」教師の思いは伝わっているでしょうか。教育の成果を読みとることができるでしょうか。

確かに、指導する側としては、いくら口で言っても生徒が言うことをきかないということは、「これは、お前の将来のために絶対に必要なことだ」「何でわからないのか」と本当に歯がゆく、情けない気持ちになります。力ずくでもわからせたいという思いに駆られての行動かもしれません。そして、相手の気持ち・意志にかかわりなく、教師の思いをぶつけるのです。

▼体罰は愛情か

体罰は、単に教師の感情の爆発なのか、生徒のためを思う気持ちがあふれてなのか、議論の余地はあるかもしれません。ただ、「生徒のためを思う」体罰も、その「生徒に対する愛情」として当の生徒に理解されて初めて、その効果があるといえます。「あの教師のあの一発」が自分の人生を変えたという生徒にはその「一発」にこめられた「愛情」が理解されたからこそでしょう。しかし、体罰や「一発」で「愛情」を理解させるのは、危険が大きすぎないでしょうか。「愛情」と感じられなかった体罰や「一発」は何を生むのでしょうか。愛情を愛情として理解させるには、言葉による伝達のほうがはるかに効果的で危険も小さいのです。

体罰も含め、教師が勝つ形で対立が解決されることを、「第一法」による解決とよびます。

第一法の特徴

力ずくで従わせる。これは、勝者・敗者をつくってしまいます。

〈勝者である教師への影響〉

・外見は生徒が従うので、指導力があると思われる。
・いつも口やかましく言わなければならない。
・すべてに解決策を持ち出さないといけない。
・いつも力を入れておかねばならない。

・生徒から避けられる。
・温かく心地よい人間関係が無くなる。
・恨まれる。
・力は力を生み、力で返される。
・罪の意識を持つ。
・ストレスがたまる。疲れる。
・価値観、人生設計のような決定的なことに関して影響力を失う。

(敗者である生徒の反応)

①　反抗・反発
・欲求が満たされず不満を抱える。
・勝者に対し、強い敵意や恨みを持つ。
・仕返しをしたくなる。力で返す。
・嘘をつく。告げ口をする。責任転嫁する。
・器物破損や弱い者いじめなどを起こす。

②　従順・屈服

・やかましく言われないとやらない。
・依存心を大きくする。
・この教師がいないとやらない。
・人の顔色を見る。
・責任感や自主的な意志を伸ばさない。
・実行する動機付けが弱いので、積極的にやらない。
・服従・盲従するが、協調性や他人への配慮がなくなる。
・努力して解決しようとしなくなる。
・創造性や探求心がなくなる。
・独創的な解決策を考えられない。
・満足感がなくなり脱落者が増える。
・自分を自分でコントロールする力、内的規制が生まれにくい。

③　逃避・退行

・心も身体も自分を取り囲む状況から逃げ出したくなる。
・その教師を避ける。
・関係が切れる。

・不登校になる。
・家出・シンナー・ドラッグなどにはしる。

権威とは何か

「生徒との対立など認めない。教師の権威に従わせるべきだ」とか「生徒が従うようにできるのが権威ある教師だ」と一般にいわれます。第一法の教師の姿は、そのような「権威ある教師の姿」のようにも見えます。

子どもを教育、指導、訓練するには、権威が必要だと、ほとんどの親や教師は考えています。ところがそれほどに必要な権威とは何か、本当に理解している親や教師は少ないのではないでしょうか。

ゴードン博士は、「権威」には二つの意味があると述べています。

第一の型の権威

専門、知恵、経験に基づく権威。

「彼は、この分野の権威者だ」という場合。

専門家のもつ権威は、訓練と素養と経験と学習を通して得られるものです。

第二の型の権威

賞罰を与える権力から生まれるもの。
力に基づき強制して従わせる、権力と同じ。

本来、教師は教科のプロとして、人生の先輩として、第一の型の権威を認められているからこそ、生徒の前に立てるのでしょう。そのような教師に対しては、生徒は尊敬と信頼を持ち、学びたくなるものです。これこそ教師が身につけたい力です。

しかし、第一の型の権威は一朝一夕に身につくものではありません。生徒の信頼を得るだけの知識と技量を身につけ、個性ある人間として成長するためには努力が必要です。生徒が教師に従わないと、安易に「賞罰を与える力」に頼り、特に処罰を強化するなどして、第二の型の権威で生徒をコントロールすることはないでしょうか。

厳格な権威主義（この場合は、第二の型の権威。権力の意味）か甘やかしの許容主義か、管理か放任か、といった議論がよく行われます。この議論から抜け出せないのは、この二つ以外の対応があることを知らないからです。

教室内での権威（権力）には限界がある

教師も人間なので、いつアメを与え、いつ罰を与えるかの判断はゆらぎます。周りは不安定になり混乱します。

また、賞は生徒がそれを求め、罰はそれを怖れている間だけ、力を持ちます。子どもの成長に従って、教師の権力はしだいに失われていきます。小学一年生ではアメがほしいし、怒られるのは怖いので従うかもしれませんが、高校生にもなれば、アメをほしがり、怒られることを怖がることはなくなるかもしれません。賞罰の内容が変化していかなければならないこと、そして終には、その賞罰が生徒の欲するもの、恐れるものでなくなったとき、賞罰の力はなくなり、賞罰に頼っていた権威（権力）も効果を持たなくなるのです。

教師が、その権威を「賞罰を与える力」に頼っている限り、その賞罰を生徒が無視してしまったら、もはや教師の力はなくなってしまいます。教師としての影響力も失ってしまうのです。

例えば、校則を守らせるために、おどして従わせることに時間と労力を費やしているようなことはありませんか。教師自身も、自分は子どもが好きで、教えたくて教師になったのに、何でこんなことにエネルギーを費やさなければならないのかと思うと、空しく感じることもあることでしょう。

生徒をしつけなければいけない、校則は守らせなければいけないと、力を振り絞って肩をいからし、生徒と接してみても、力を緩めることができないで、疲れ果ててしまうということはないでしょうか。

脅しや力で押さえることをやめると、生徒は教師の言うことを聞かなくなり、手に負えなくなる。「やっぱり力で押さえなければ」ともっと強く対応する。「そんなことしたら、もっと暴れてやる」と生徒はまた、もっと荒れる。悪循環に陥ってしまうのです。

授業以前の問題に振りまわされ、肝心の「教え」「育てる」という「教育」がどこかへ抜けていってしまいます。

▼第二法　生徒が勝って教師が負ける

対立において、生徒が勝って、教師が負けるということはないでしょうか。初めから教師が負けるというよりも、やかましく言っても聞かないと、結局、教師があきらめてしまうといった場合もあるかもしれません。生徒の自主性にまかせるとか、放任主義とか、物わかりのいいふりをして、そのことにかかわらなくなってしまうことも起こります。

例えば、生徒が授業中おしゃべりして、教師はイヤだと思うのに、放っておくような場合です。教師の負けです。生徒が勝ったのです。

これを、「第二法」といいます。

これが進むと生徒はワイワイ騒いだり、自分勝手に行動したりして、手が付けられなくなります。教師は、思うようにならなくて、悔しくて泣きたくなります。黙って授業を勝手に進めたり、それにもくたびれて、教室を飛び出したりといった事態にも発展しかねません。

第二法の特徴

(敗者になった教師の反応)

・自尊心が傷つく。自信がもてなくなる。
・生徒を嫌い、憎む。
・怒りや敵意を感じる。
・イライラが募る。
・授業をやるのが嫌になる。

・ねばり強く問題解決しようとしなくなる。
・心身症になる。
・学校に行きたくなくなる。

（勝者になった生徒の反応）

・教師を尊敬しなくなる。
・教師を軽く扱うようになる。
・利己的・わがままになる。
・協調性を失い、他人への配慮に欠ける。
・統制を失い、要求がましくなる。その結果、教室は混乱する。
・教師が欲求を満足させていないのを知って、罪悪感を持つ。
・愛されていない、嫌われているのを感じ、不安定、衝動的になる。
・不信感、不安感を持つ。
・権力や権威に頼るようになる。

▼優柔不断という名のゲーム

たいていの教師は、完全な権威主義にも、また完全な放任主義にもなれません。ときに応じて、第一法や第二法を使う。こんな優柔不断な教師に生徒は当惑します。

生徒どうしのおしゃべりを叱った教師が、翌日は黙認したりするのです。

寛容さが大切だという教師は、相当のところまで生徒にまかせようとします。その結果、当然混乱が起きます。すると突然、力に訴えて秩序を回復しようとします。首尾一貫しないのです。

寛容な教師は、叱ることに罪悪感を持ちます。しかし混乱が大きくなれば、権力を使わざるを得なくなります。権力を使うと、自らの罪悪感がいっそう強くなり、反動として寛容度がますます大きくなったりします。

第一法と第二法の論争は限りなく続きます。どちらも力に頼っているからです。

▼第三法「勝負なし法」教師も生徒も共に勝つ

勝ち負けのない解決の方法があります。三番目の方法なので、教師学では「**第三法**」または「**勝負なし法**」とよんでいます。

教師と生徒では、成人優位という明確な力の差があるため、生徒の意見を聞き、民主的に解決するなど、もってのほかだと思われてきました。子どもが大人に刃向かうなんて、「あり得ないことだ」「許してはいけない」とも考えられていました。

しかし、教師も生徒も、互いに尊重されるべき人格を持った、しかも考え方、感じ方の違う人間です。したがって、解決には各々の立場で参加することができるはずです。

生徒の問題解決能力は過小評価されています。もっとこの能力を信じ、活用すべきです。そうすることで、この能力はもっと伸ばすことができるのです。

しかも生徒は、自分もその解決過程に参加したという自覚から、自分の発言、行動に責任を持つようになります。

教師学では、「対立は解決可能な問題である」と定義されます。対立は、教師や生徒の中で起きる健全かつ自然なできごとと考えられています。対立することで、関係が破壊されるのではなく、むしろ「関係を強めるもの」となり得るのです。

大切なのは、対立が何度起こるのかではなく、どのように解決されたかです。前述の、どちらかが勝ち、そして一方が負けるという「勝負あり法」ではなく、どちらもが勝つ「勝負なし法」という、三番目の方法「第三法」があるのです。

▼第三法の前提条件

「学校という場所を、教師にとっても、生徒にとっても、満足のいくところにする」という、意志をしっかり持つことです。

そのために、対立・競争ではなく、共存のために対話・協力を目指すのだということをはっきりと意識することが重要です。

① 教師は、率直で適切な「対決のわたしメッセージ」を使って、自分の気持ち・欲求を正確かつ率直に「伝える」能力を持つこと。

② 教師は、「能動的な聞き方」で、生徒の発言を促し、欲求を「聞く」能力を持つこと。

これらが総合されて、「第三法」が実践できます。「第三法」こそ、教師学の核心です。

▼第三法の問題解決過程の六段階

ゴードン博士は、第三法において、対立を解決するのに、当事者がいっしょに六つの段階をふむことを提案しています。

問題解決の六段階

第一段階　欲求を明確にする
第二段階　可能な解決策を出す
第三段階　解決策を評価する
第四段階　最善の解決策を決定する
第五段階　実行に移す
第六段階　結果を評価する

準備段階

この六段階の前に、準備段階が必要です。

① 互いに都合のよい時間を選ぶ。
ゆとりある時間が望ましい。

② 第三法とはどんなもので、どのようにするか、第一法・第二法との違いなどを簡単に説明し、これに沿った方法で解決したいと伝える。

③ 双方がよいと思う解決策しか選ばない（敗者が出ない）ことを伝える。

④ 話し合いのメモをしてもよいと合意する。
筆記用具を用意し、記録をとる準備をする。
相手が、話し合いに乗ることを承諾することでこの方法が使えることを伝える。

教師の意見を押しつけるのではなく、また生徒の意見を一方的に通すのでもなく、教師と生徒の協力で対立を解決するのだという教師の意志を表明し、生徒にもその意志を確認します。生徒から疑問が出れば能動的に聞き、必要な答を与えます。

「君がこのクラスにいてよかったなと思ってくれることが、私にはとっても大切なんだ」「君にとっても、私にとっても、不満が残らない解決策を一緒に創り上げたい」という思いを言葉にすることが大切です。それは、第三法の精神・基本的態度を、生徒にも、自分にも言い聞かせることに通じます。

第一段階　欲求（問題）を明確にする

教師の欲求を「わたしメッセージ」で伝え、生徒の欲求を「能動的な聞き方」で受けとめる。お互いの問題点を明確にして確認する。

ここでは、対立する欲求を明確にすることだけに集中し、あせって解決策について話し始めることがないよう注意する。

第二段階　可能な解決策を出す

その問題を解決するような、さまざまな解決策を思いつくままに出す。ブレーンストーミングを使う。（第8章P174参照）

どんな解決策に対しても、批判したり、評価したりしない。自由奔放に、数多く出す。誰のどんな提案でも取り上げ、書きとめる。

第三段階　解決策を評価する

第二段階で出されたさまざまな解決策を、一つひとつみんなで評価していく。実行可能か、自分や相手の欲求を満たすかなどを正直に、検討する。

全く受け入れられない解決策は拒否する。一人でもダメという意見があったら、取り上げない。

第四段階　最善の解決策を決定する

残った解決策の中から、最善のものをみんなで決定する。全員一致を求める。

双方が納得のいく解決策を決定したら、その解決策をどちらも正しく理解しているか、また、第一段階で出し合った双方の欲求を満たすものであるかどうかを確認する。そのうえで実行する約束をする。

第五段階　実行に移す

誰が、何を、いつまでにするか、というような具体的な方法を話す。いつから、どのようにするかを決め実行する。

第六段階　結果を評価する

一定の期間実行してみて、問題はなくなったか、進歩したか、どんな効果があったかなどをチェックする。

うまくいけば「決めたことが実行されて嬉しい」と肯定のわたしメッセージを伝える。守られないときには「せっかく決めたのに、実行しなくて残念だ」というようなわたしメッセージでこちらの思いを伝える。

また、解決策は暫定的なもので、不具合が見つかればいつでも変えられる。

そのためには、実行し始めてからチェックするまでの期間を決めておく必要がある。評価の結果によって、継続するか、変更するかなど先の進め方を検討することができる。

第三法を教室で使うとき、この六段階が重要な指針になります。

（事例）掃除について「勝負なし法」による問題解決

小学校教諭（六年担任）

第一段階　欲求を明確にする

〈教師の気持ち〉

・外掃除をきちんとやってくれないと、安心して他の場所の見回りができないで困る。
・他の先生から注意を受けているのじゃないかと思ったり、走りまわってケガでもしているのじゃないかと心配になる。

〈子どもたちの気持ち〉

・裏庭は草が多すぎて、取っても取ってもきれいにならない。
・広すぎて、どこからやったらいいかわからない。
・掃除道具がないのでできない。
・先生が見ていないので、つい遊んでしまう。
・虫がいるので、そちらのほうへ興味がいってしまう。
・外に出て嬉しい気分になり、遊んでしまう。

第二段階　考えられる解決策を出す

①　班ごとに掃除する場所（範囲）を決める。
②　ひとり何本草を取るか決めておく。
③　人数を増やす。
④　全員で掃除の時間以外に一度きれいにする。
⑤　班長を作って、その人が見張って、みんなが掃除をするようにさせる。
⑥　掃除道具をもらってくる。

第三段階　解決策を評価する

	（教師）	（生徒）
①　範囲を決めれば、場所が少なくなるので楽になる。	○	○
②　勝手な場所でやるときれいにならないが、量が決まっているので早くできる。	×	○
③　五カ所も掃除区域があるので、人数はふやせない。	×	×
④　創活の時間（ゆとりの時間）にやればよい。	○	○
⑤　班長の言うようにやればよいが、そうでないとケンカになったりする。	×	×
⑥　草取りがほとんどだから手で取ればよい。ごみは少ないので手で拾えばいいから道具はいらない。	○	×

第四段階　双方が納得のいく解決策を決定する

①と④が実行できそう。

①範囲を決めるのは簡単だし、そこだけやればいいので、早くきれいにできる。

④一度全員でやると、後の掃除の時間は楽になる。

第五段階　解決策を実行に移す

・創活の時間に、一度みんなで草取りをする。草が少なくなった。

・裏庭を八つに区切り、各班毎の掃除場所を決めて実行に移した。

第六段階　結果を評価する

・班の決められた場所だけやればいいので、みんなちゃんとやり、早くきれいにすることができた。

・草にトゲがあったので、軍手をはめるとよかった。

・草をごみ箱に入れる人がいたので、木の根元と、決めておいたほうがよい。

感想

・思ったよりスラスラと子どもたちは気持ちや考えを発表し解決策を出すことができた。

・ふだん掃除を熱心にやらない子が、進んで気持ちや考えを出したので驚いた。

・雨が降らなくて、草取りがしにくかったが、頑張ってやっていた。
・いつまで続くか不安はあるが、今のところうまくいっている。

先生が、みんなが掃除をしないので困っているとはっきり出したので、子どもたちも何が問題かがわかって、自分の思っていることを素直に出しています。

ふだん、熱心に掃除をやらない生徒が、進んで気持ちや考えを出すことで、その生徒の考えが教師により鮮明に見えるようになり、「生徒理解」につながっていきます。それは、教師が率直に「対決のわたしメッセージ」を出すことで生徒に教師の考えが見え、生徒の「教師理解」が生まれたからです。

教師から対決されることで、相互理解がすすみ、さらに、生徒も、自分のこととして真剣に、責任を持って考え、行動する事ができたのです。

▼自由になる範囲

社会や学校組織の中での教育実践には「制約」が伴います。組織人としての教師の立場で第三法を実践していくうえでは、このことを知っていなければなりません。

自分の自由になる範囲内の行動はすべて、自由に問題解決することができます。教師の自由になる範囲は、クラスにとっても自由になる範囲になります。

図18　教師の自由になる範囲

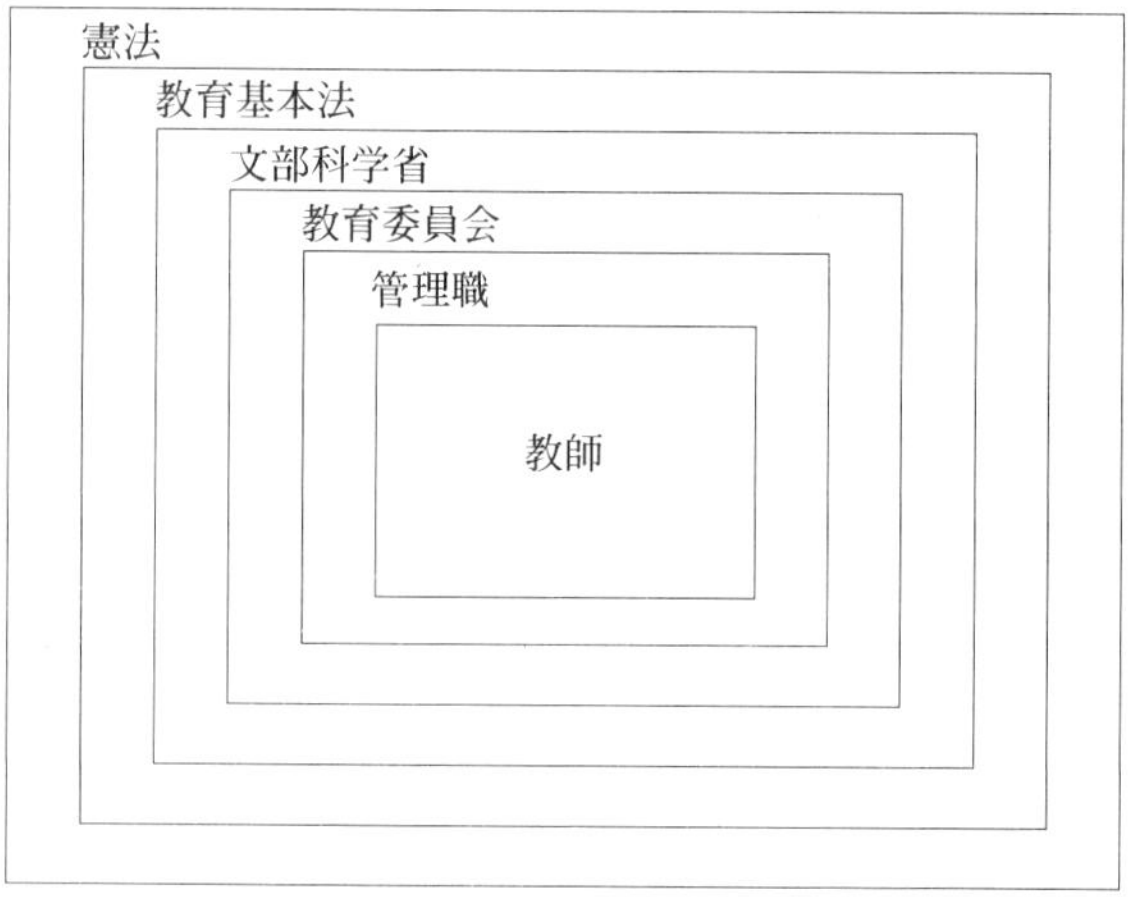
憲法
教育基本法
文部科学省
教育委員会
管理職
教師

教師（クラス）の自由になる範囲に制限があるときには、自由になる範囲のより広い人と共に、第三法を行い、問題解決できる範囲を広げることができます。例えば、クラス会に校長に参加してもらうなどです。

自分が「自由になる範囲」を明確に示していくことは、生徒に対しても、自分に対しても誠実であるといえます。例えば、校則で決められていることを、クラスや担任が勝手には変えられないとはっきりと伝えることが自由になる範囲が何であるかを生徒に明確にすることにつながります。

第三法の利点と効果

第三法は、対立する当事者が互いに率直に自分の意見・欲求を出し合い、一緒に話し合って解決策を考えるという民主的な解決法です。勝つ人、負ける人の出ない方法です。

① **互いに率直に欲求を述べあうので、不満や恨みが残らない。**

② **「参加の原則」**

問題解決過程に自分が参加したということは、「自分たちの問題」を「自分たちで決めた」という想いを強く持つ。このことは、実行するための強い動機付けになる。

生徒が進んで実行し、決定に従おうとする。

実行するのに力・説得が不要である。

生徒の個人的責任感と自己規律が高まる。

自発性、実行力、責任感を培う。

③ **三人寄れば文殊の知恵。**

みんなで解決策を出し合うので、ユニークな解決策が生まれる。決定の質が高くなる。

思考力・創造性が育つ。

「問題解決能力」が育つ。

④ **民主的・協力的なやり方を体験する。**

教師も生徒も「自分も大切にし、相手も大切にする」という、お互いを尊重する民主的な関係になっていく。

親密で温かい関係になる。

思いやり、協力することを学ぶ。

⑤ **生徒の自尊心と自信が強まる。**

運命を自分でコントロールするという感覚が強くなる。

自立心・自律心が育つ。自己抑制力がつく。

⑥ **生徒は責任をあずければあずけるほど成熟する。**

第三法の応用

第三法の六段階のプロセスを追って問題解決する方法を、他でも応用することができます。

▼プロセスコンサルタントになる

生徒が問題を所有するときに、教師は能動的に聞きながら、コンサルタントとして、「第三法」の「問題解決の六段階」のプロセスに従って、問題解決の援助をすることができます。これを、「プロセスコンサルタント」になるといいます。

〈事例〉　粘土を前にしてじっとしている生徒K（女子・小学一年）

① **問題を明確にするための援助**

教師「あなたが、何もしないでいるのは心配だな」（わたしメッセージ）
教師「粘土が嫌いなのかな」（能動的な聞き方）
生徒K、首を横に振る
教師「何を作っていいかわからないのかな」（能動的な聞き方）
K　「うん」

② **解決策を考え出すための援助**

教師「どんなのが好きかな？」

K　「わからない」
教師「どんなのだったら作れそうかな？

　　「出してみよう」
K　「うーん」
教師「動物とか」
K　「車」
教師「他にないかな？」
K　「へび」
教師「他には？」
K　「ない」

③　解決策検討のための援助

教師「何だったらできそうかな」
K　「へびだったらできる」
教師「そうか、へびだったらできるのね」

④、⑤　解決策決定と実行のための援助

教師「じゃあ、へびを作ってみようか」

Ｋ　「うん」
　嬉しそうに作り始めた。

⑥ **ふり返りのための援助**

教師「どう、できてるかな？」
Ｋ　「できたよ。寝てるとこ」
教師「へー。へびが寝てるとこか。面白いね」
Ｋ　「もう一つ作ろうかな」
　たくさん、いろんな形を作り始めた。
　楽しくてたまらなそう。
Ｋ　「こんなにできたよ！」

「能動的な聞き方」、「第三法の六段階」を駆使して、「プロセスコンサルタントになる」ことは、教師として、生徒の指導・助言に大いに役立ち、多くの場面で活用できます。
・勉強の仕方。授業内容に関して。
・進路を決める。
・グループ討議の進め方。

・保護者懇談
・職員会議
など。

▼「介入的援助」の後での生徒間の対立の調停

「能動的な聞き方」の応用のところでも述べましたが、生徒どうしが対立しているとき、当事者どうしは感情が激していて話し合いになりにくいので、教師は第三者として介入し、各々に対し「能動的な聞き方」をすることによって、その対立点を明確にする手助けをすることができます。(介入的援助)

さらに、その生徒間の問題を解決するために、問題解決の六段階を使い、プロセスコンサルタントとして、対立の解法をうながせます。

▼教室の規則や方針を決める

集団には、規則や規制は必要です。規則がなければ無秩序になり、混乱します。

しかし、学校では規則を守らせるために、監視をしたり、検査をしたりして、多くの時間や労力を費やし、そのことで教師が疲れ果ててしまうこともあります。その結果、肝腎の授業準備の時間がなくなったりすることもあるのではないでしょうか。

規則を守らせるために教師のエネルギーを使うのでなく、生徒が自分たちで守りたくなるような規則を作るのはどうでしょうか。ここでこそ第三法はとても有効です。

校則も含め、自分たちの関わる規則作りに生徒を参加させることで、もっと実効性のあるものが出来上がります。

規則を作るために時間を使うようですが、今まで、教師が第一法を使って規則を守らせるのに、毎日どれだけの時間とエネルギーを使っていたかを考えれば、結果的には時間もエネルギーも大きな節約になります。

あらゆる人間関係で、対立は避けられません。教師と生徒の間でも対立が起きます。対立がどんな方法で解決されるかは、「教授＝学習」の質を決定するカギとなります。率直に、お互いの思っていることを、出し合って、その問題点・接点を見つけることができれば、本当に効果的な「教授＝学習」が行われる基礎が築かれます。その基礎の上で「教授＝学習」が成立したとき、教師としての醍醐味が味わえます。

第７章 学校の中で価値観が対立したら

価値観の対立を認める

教師には具体的な影響を及ぼさない生徒の行動でも、生徒のためを考えて、あるいはどうしても自分（教師）の感覚に合わなくて変えさせたいと思うときがあります。

例えば、

・食べ物に好き嫌いがある
・服装が生徒らしくない
・髪型
・言葉づかい
・社会的マナー

・生活態度
・性的行動
・ライフスタイル
など

図19

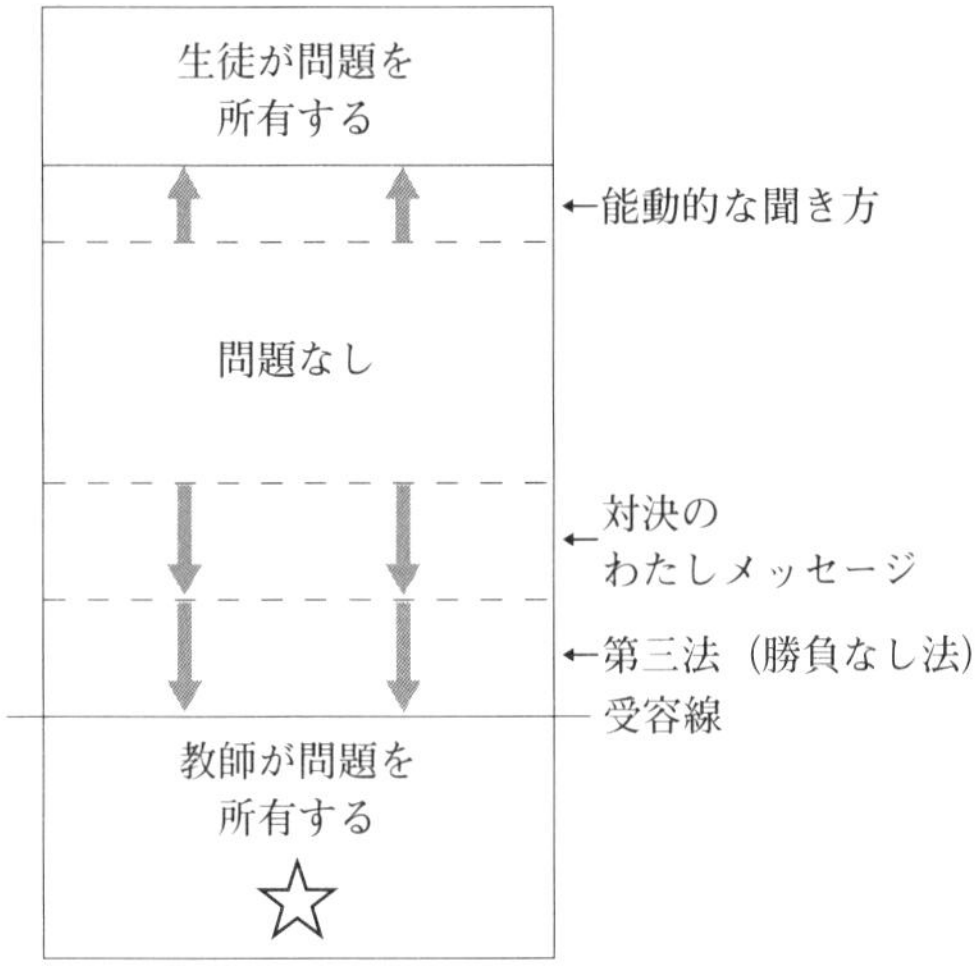
生徒が問題を
所有する
←能動的な聞き方
問題なし
←対決の
わたしメッセージ
←第三法（勝負なし法）
受容線
教師が問題を
所有する
☆

教育にかかわる多くの事柄がこれに入るでしょう。受け入れられない、変えさせたい、教えなければいけないと思うようなことです。

三部構成の「対決のわたしメッセージ」を送ろうとしても、教師への「影響」の部分がはっきりしなかったり、あるいは生徒が、自分の行動は教師に具体的な影響を与えていないと思っているので、「勝手なお節介だ」と受け取り、自分の行動を変えない場合です。それでも教師は生徒のその行動を受け入れられず行動の四

角形の中で「教師の問題」として残るものです。（図19）

「教師への具体的な影響」がはっきりしない、またはない場合、「対決のわたしメッセージ」で伝えても、生徒は自分の行動を変えようとは思わないし、「第三法」で教師と一緒に問題を解決する必要も感じないのです。教師が勝手に干渉しているだけだと考えるからです。

このような教師と生徒の対立を、教師学では「価値観の対立」とよんでいます。

「価値観」とは、考え方、感じ方、好み、信じていること、大切に思うこと、人生観など、その人の個性でもあり、柱になっている部分でもあります。教師と生徒という育ってきた環境も時代も違う人間の間では、当然この価値観の相違による対立が起こります。

教師は指導上、これは生徒のためにはよくないと思い、大事なことであれば、いますぐ力ずくでも変えさせたいと思ってしまいます。

ここで力を使うと、それまで、関係をよくするために努力して行動してきたことが、いっぺんに壊れてしまうことになりかねません。関係が壊れてしまっては、教師の思いを伝えても、相手がそれを受け入れなくなってしまいます。

価値観の対立を解く方法

価値観の対立を経験したとき、その「対立」をいかに解いたらよいのでしょうか。

価値観の対立を解く方法には、次のようなものがあります。

・行動の問題解決を図る
・コンサルタントになる
・「価値観に影響を与えるわたしメッセージ」を送る
・模範を示す
・自分の価値観を変える
・祈り

人間関係に与える危険性
───→㊅

▼行動の問題解決を図る

価値観そのものは変わらなくても、その価値観に基づく行動だけを、教師が悩まされることがないように、変えていくという方法です。

互いに受け入れられる解決を目指して、第三法の問題解決の六段階をたどって、話し合いを持つのです。

例えば、「生徒は、教室ではひどい口のきき方をしないということに同意する」などです。しかし、生徒は教室外で、友達と、あるいは家庭などでは、そのような言葉づかいをするかもしれません。

行動の問題解決の六段階

第一段階　「対決のわたしメッセージ」と「能動的な聞き方」で、互いの欲求を理解し、明確にする。互いの欲求を尊重し合いたいという態度を伝える。

第二段階　条件付で、行動の制約を提案する。

第三段階　提案について評価する。

第四段階　採用する提案を決定する。
第五段階　決定した提案を実行するために、必要な準備をする。
第六段階　ふり返りをする。

こういう解決は、率直に話し合った結果、お互いに同意したものでなくてはなりません。教師の命令によってではなく、生徒によってこっそりだますように決められたものでもないのです。

この方法は、価値観そのものを変えようと直接働きかけるわけではないので、教師と生徒の関係にとって、多少の危険性を含んでいます。その危険性は、教師と生徒がお互いに受容できる解決に至らない可能性が大きいことから生じます。両方とも欲求不満と怒りを感じ、結局力ずくで変えたくなったりします。

また、教師の前と友達の前とでは別々の行動をとるので、偽善者のように感じたりするようなことも起こり得ます。

▼ コンサルタントになる

価値観の違いが明確になったとき、教師は無理矢理に生徒の行動を変えさせるのではなく、生徒の行動を理解しつつ、しかもはっきりと自分の考えや情報を提供し、さらに、どの価値観を選ぶのかは生徒にまかせるという対応が、生徒の行動に大きな影響を与えます。つまり、生徒のコンサルタントになるのです。

これは、教師の大きな役割のひとつです。勉強の仕方、進路決定、友達との付きあい方、など大いに活用されています。

教師が自分の価値観を伝えるときには、次の有能なコンサルタントの四原則を守ることです。

> ①　コンサルタントとして認められる
> ②　豊かな経験、知識、データを持つ
> ③　言うのは一度だけ
> ④　変わる責任は相手にまかせる

①　コンサルタントとして認められた、と確信するまでは、相手を変えようとしない。

「能動的な聞き方」で、生徒の状況や欲求を正しく理解します。そのうえで、「自分の考えを伝えたいがいいか」と同意をとるのです。

生徒が聞く気になったとき、教師は自分を語ることができます。

② 事実や情報、資料を充分に整え、簡潔かつ明瞭に、相手がわかるように伝える。

教師自身の経験を話すことも効果的です。

③ 言うのは一度だけ。くどくど言わない。

くどくど言うことは、うるさがられるだけで効果的ではありません。

抵抗や防衛反応があれば、能動的な聞き方に切りかえ、生徒の気持ちを受けとめます。

④ 変わる責任は、生徒にまかせる。

教師が新しい考え方や行動パターンを示すと、その助言が新たな入力情報として、生徒に問題を投げかけます。生徒は、大事な自分の価値観が脅かされると感じ、抵抗する傾向があります。

教師は、生徒の抵抗する気持ちを受け止め、価値観の選択決定は生徒にまかせます。

価値観は、その人にとって重要な部分です。その人自身を成り立たせているものといってもいいでしょう。それを、強制的に変えさせるという指導では、一人ひとりが自分の責任において、人として生きることを真剣に考えるその重要なプロセスを失わせることになります。

生徒の人生は生徒のものです。教師が有能なコンサルタントになることで、生徒に自分の人生に責任を持てるように援助することができます。

その場ですぐに、生徒が教師の言うことを受け入れようとしない場合でも、教師の価値観を伝えることは、生徒にとっていつか役に立つはずです。

▼「価値観に影響を与えるわたしメッセージ」を伝える

価値観に影響を与えるために、「わたしメッセージ」と「能動的な聞き方」で対応することができます。

「価値観に影響を与えるわたしメッセージ」は、基本的に二つのタイプがあります。

二部構成の「わたしメッセージ」

生徒の行動を見て、あるいは聞いて、教師が感じたことを率直に伝える方法です。教師に具体的な影響はないので、二部構成になります。

受容できない生徒の行動	教師の感情
君が規則に反した髪型をするのは	不愉快だ
あなたが授業の教材を忘れると	困る

三部構成の「わたしメッセージ」

教師は、生徒を思うがゆえに、生徒自身のためにこのことは言っておかなければ、教えておかなければというときがあります。生徒の行動が、将来において生徒自身に何らかの悪影響を及ぼすと心配される場合などです。まさに、教師として指導しなければいけないと思うときです。

そのときも、「(君は) こうあるべきだ」「(君は) こうあってはいけない」という、「あなたメッセージ」ではなく、教師個人として感じていることを、「わたしメッセージ」として伝えるほうが、生徒は耳を傾けやすく、したがって、教師の思いを受け止めやすくなります。

この場合は、将来起こるであろうと教師が想像する「生徒への影響」を伝えます。

受容できない生徒の行動	生徒への影響	教師の感情
君が宿題をしてこないと	授業がわからなくなるのではないかと	心配なんだ
あなたがバイクで飛ばしているのを見ると	事故で死ぬのではないかと	恐ろしい

これらの「わたしメッセージ」を出した後は、必ず「能動的な聞き方」をして、相手の気持ちを受けとめます。

このような特別な「わたしメッセージ」は、少なくとも教師の立場や考えを、生徒に伝えることができます。これが、生徒に対する関心や思いやりから伝えられるならば、生徒はそのメッセージに動かされ、行動や態度を自ら変えやすくなります。

（事例）ひとりの生徒を複数の生徒がバカにする

状況 中学校の教室で、生徒たちが、まじめなA君に対して、「マジ！」「シラケ」「ねくら！」などと言って、バカにする風潮が見られました。

教師「あなたたちが、A君に『マジ！』とか『ねくら！』とか言うのを聞くと、むかむかするのよね」（価値観に影響を与えるわたしメッセージ）

B「だって、くそ真面目で、話しにならん」

C「楽しくない」

教師「話していて、面白くないって感じるのね」（能動的な聞き方）

D「でも、本気でその話の内容を聞いたことあるのかな」

教師「聞かんでもわかる」

教師「私は、君たちがA君に最後まで話しをさせないでいるようで腹が立つのよ」（価値観に影響を与えるわたしメッセージ）

E「だって、彼はいつもくどくど言うんだもの」

教師「くどくど言うのがいやなのね」（能動的な聞き方）

F「そうですよ。もっと、すぱっと言えばわかりやすく、聞く気にもなるけどさ」

教師「はっきりしていないことに、イライラするのね」（能動的な聞き方）
「でも、頭ごなしに、人をバカにするような態度がイヤなの」（価値観に影響を与えるわたしメッセージ）
生徒「ふーん」
（反発はなく、考えるような雰囲気でした）

このような会話をしてしばらく経ったとき、周りの生徒たちのA君に対する態度も変わっていました。
A君自身も、何かホッとするような顔になり、その後、自分の話し方にも随分気を付けるようになりました。放っておかなくてよかったと思った経験でした。

この対応は、命令、指示、説教とは違います。
命令、説教だと、「そんな言い方は、やめなさい」「そんな言い方はするべきではない」と、生徒を否定、強制的に変えさせようとします。生徒は、反発するか、黙ってしまうでしょう。教師に心を閉ざして、関係は切れてしまいかねません。それでは、教師の価値観も伝わらないでしょう。

しかしこの事例では、教師は、「価値観に影響を与えるわたしメッセージ」で自分の感情を伝えて、人間性を見せています。それを聞いた生徒も、自分の気持ちを率直に表現しています。しかも教師は、その生徒の気持ちを否定しないで、しっかりと能動的に聞いて受けとめているので、生徒も教師の思いに対して、否定や反発ではなく、受けとめようと心が動いていています。生徒と教師の間の人間関係がこわれずに残っています。

この後、どう判断し、何を選ぶのかは生徒にまかされます。生徒の選択肢の中には、教師の価値観も入るでしょう。教師の影響が出てくるところです。

生徒の価値観をそのままに放っておかずに、教師の価値観をはっきりと表現し、影響を与えていける方法がここにあります。

▼模範を示す

教師は、自分が大切に思うことは、自分が実践することです。言行一致。「後ろ姿を見せる」のです。

・人をバカにしたような言葉が悪いと思うなら、自分は使わない。
・約束の時間を守れと生徒に言うなら、教師自身が率先・実行する。

・民主主義に価値があると教えるつもりなら、独裁者にならない。

自分が大切だと思い生徒に伝えたい価値観だからこそ、意識的にその価値観を行動で示すことが「模範を示す」ことです。

教師が実行していない価値観を、生徒に言葉で伝えてみても生徒に対する説得力は小さいでしょう。

▼自分の価値観を変える

対立があるときには、生徒が変わるか、教師が変わることで対立でなくなることがあります。生徒の価値観を変えるように働きかけるだけでなく、教師自らの価値観を再吟味すること、すなわち「自分の価値観を変える」ことも対立解決のひとつの方法です。

価値観の多様化している現代においては、柔軟に幅広く自分の考えを見直すということも求められます。結果として、自分の価値観が変わるかもしれませんし、価値観の違う相手に対しても受容的になれるかもしれません。

価値観の再検討

自分の価値観が絶対に正しいというわけではありません。その思いこみをはずして、謙虚に価値観の再検討をする必要があります。なぜこの価値観がよいと思うのか、自分なりに点検することです。自分の価値観が変わるかもしれませんし、また、自分の価値観が大切だと確信するかもしれません。

自分の価値観にこだわらない

生徒の話を聞いたり、生徒に人気のある音楽を聴いたりして、なるほどこんな音楽が好きなんだなと理解を深めることはできます。それは必ずしも、教師もその音楽を好きになることとは違います。生徒がそれを好きであることを認め、他のものを好きにならなければいけないと思わなくなることです。

教師の価値観を変えたのではなく、生徒の価値観を受け入れられるようになったのです。

自分の価値観を変える

価値観の違いを理解すると、納得して自分の価値観を変えたり、いつの間にか生徒の価値観を取り入れて自分が変わっていることに気がついたりすることもあります。

結果として、生徒を大きく受容できるようになって、教師の受容領域が広がります。

▼「祈り」

以上述べてきた方法によっても生徒との対立を解決できない、受け入れられないときにできることは、「祈る」ことです。ただしそれは、あきらめることではありません。

私に変えられることを変える勇気と、
私に変えられないことを受け入れる平穏と、
そして、変えられることと、
変えられないことの違いを知る叡智を授けたまえ

これは、アメリカの神学者ニーバーの言葉といわれています。

教師が変わるにしても、生徒が変わるにしても、変わることには勇気が必要です。教師にとって受け入れられない生徒の行動が、変えられるものだとしたら、積極的に働きかけ、その行動を変える勇気を持つことです。

しかし、生徒の行動に変化がないときには、それが変えられないものであるとの認識をもって、平穏な気持ちでその行動を受け入れられたらどんなにいいでしょう。

生徒のその行動が、「変えられることなのか」「変えられないことなのか」判断がついたらどんなにスッキリすることでしょう。

自分の価値観が絶対ではありません。不完全な教師という「人間」が、生徒という「人間」に接するとき、何らかの影響を与えたいという気持ちを忘れないでいたいものです。

平穏な気持ちで「待つ」ということかも知れません。そして、チャンスがあったらまた、「働きかけていこう」という決意でもあります。

いずれにしても、この祈りは生徒のその行動に関心を持ちつづけていくという自分の決意であり、それはとりもなおさず、生徒に対する愛情を持ちつづける意志の表明でもあるのです。

▼価値観の多様化の中で

価値観の問題は、生きていくうえで重要なテーマです。

教師は、人生の先輩として、生徒たちの生き方・考え方に、大なり小なり影響を与える存在です。学校は、知的学習をすることはもちろん大切ですが、生徒の価値観の形成にも役割を果たす、重要な場所です。

現在、子どもたちは、判断力も批判力も未熟な幼いときから、親・教師以外に、テレビ、ビデオ、雑誌あるいはインターネットなど、多くの人や物からの影響にさらされています。情報の洪水の中で育っています。

大人の全く知らない価値観をいつの間にか子どもが取り入れて、びっくりすることもしばしばです。人間としての基本的感覚から変わってしまったのかと思うときもあって怖くなることもあります。

価値観の多様化といわれる時代です。また、自分の人生は自分が選べる時代です。選択の自由もありますが、自己決定、自己責任の重さも個人にかかってきます。

まさにこんな時代であるからこそ、親や教師はどういう生きざまを見せるのか、何を伝えてくれるのか、子どもたちは待っています。

「教師学」では、価値観の違うものどうしが、どのようにそれを解決し、共に生きていくのか、具体的な解決方法を提供しています。

この「価値観の対立を解く方法」は、生徒たちが、ただ受け身に目にし耳にする価値観を取り入れていくだけでなく、自分の体験から生み出され自分の頭で考えた、自分自身の価値観を創り上げていくように働きかけていきます。こうして、教師は生徒が自分の人生に責任を持てるように援助することができるのです。

そしてまた、教師には、生徒たちに影響されながら新しい価値観を受け入れ、変わる可能性を実現していく道をも提供しています。

第8章 生徒の成長・発達を促す環境づくり

学習に効果的な三つの原則

教師学のゴードン博士は、「学習が生徒にとって効果的であるためには、教える者も、学ぶ者も、安心できる人間関係と、学習環境を創り出すことだ」と述べています。

「学ぶことは、自分が変わること」なので、「自分が変わる」学習は、外部からの脅威を感じることが少ない、安心できる人間関係と、学習環境が確保されていることが必要です。

本書ではこれまで、教師と生徒の人間的かかわりの中で、「問題なし領域」すなわち「教授＝学習が効果的におこなわれる領域」を広げるためのいくつかの方法を具体的にお伝えしてきました。教師が直接生徒に働きかけて、安心できる人間関係を築きながら、問題解決をする方法です。

「問題なし領域」を広げるためには、行動の四角形の受容線に影響を与える要素のひとつである「環境」に働きかけることもできます。これを教師学では、問題解決のための「環境改善」とよんでいます。

最後のこの章では、問題解決の手段としての「環境改善」と「教授＝学習が効果的に行われる」ための、「学習環境創り」について述べていきます。

ゴードン博士は、学習が生徒にとって効果的であるための三つの原則を生み出しています。

① 教える者も、学ぶ者も、安心できる人間関係と学習環境を創り出すこと。
② 学習テーマ、内容、方法、評価において生徒にふさわしい学習にすること。
③ 人は行うことによって学ぶので、生徒が主体的に参加できる生きた学習にすること。

「教えたい」「学びたい」という欲求を満足させる学習環境を創り出すためには、このゴードン博士の提唱する「学習に効果的な三つの原則」の視点から環境を点検し、改善する方法を考えることは意味があります。

「教授＝学習」が効果的に行われるための環境改善を検討してみましょう。

模様替えを創造的に

環境を変えるには、創意工夫をする努力と能力が必要です。

教師学では「ブレーンストーミング」を薦めています。これは、新しく創造的なアイデアを生み出すための方法です。

これを活用して、それぞれの場面に適した解決策を、教師も生徒も共に楽しみながら、生み出すのです。

教室は、教師だけの所有物ではありません。そこに集まる「みんなの部屋」です。生徒も、教室環境の再整備に参加できるチャンスがあれば、積極的になります。「教室は私たちのもの」と考え、責任を持つようになるでしょう。

ぜひ、この環境改善は、生徒も一緒に考えさせたいものです。みんなの創意工夫で、ユニークな、その状況にあったアイデアが生まれてきます。

▼ブレーンストーミング

実現不可能でもいい、考えられるアイデアを思いつくままに数多く出し合って、決める方法です。

この方法は、「第三法」他、多くのところで活用できます。また、発想の転換にも役立ちます。

次の点に注意します。

① 集中できる場所・時間を選ぶ。
② 具体的なテーマは何かを決める。
例えば、「教室の用具の取り扱い方、保管を改善するにはどうしたらいいか」など。
③ 時間を制限する。
④ 出たアイデアをすべて記録する。
⑤ 質より量。数多くのアイデアを出す。
⑥ 実現不可能なものでもいい、自由奔放に出す。

⑦　途中で評価をしない。
⑧　考えの枠組みを、ときどき変えてみる。例えば、「生徒ならどうするか。工場で用具を扱う専門家ならどうするか」など。

このようにして出てきたアイデアの中から、最適なものを選びます。

▼環境改善　八つのポイント

教師学では、環境改善に具体的に取り組むために次のような柱を提示しています。それぞれの方向から考えると、いろいろなアイデアが見つけやすくなります。

(1)　環境を豊かにする
(2)　環境を広げる
(3)　環境を取り除く
(4)　環境を制限する
(5)　環境を調整し直す

(6) 環境を簡素化する
(7) 環境を組織化する
(8) 環境を前もって計画する

例を羅列しておきます。考えるヒントにして下さい。

(1) 豊かにする

生徒が授業中に騒いだりおしゃべりしたりするのは、欲求不満や退屈するためであることも多いのです。学習内容や学習方法を工夫し、生徒にもっとさまざまな刺激を与えることもできます。

・一人ひとりにあった教材を準備する
・視聴覚教材を使う
・授業中に考えさせる時間を増やす
・話し合いの時間をもうける
・体験学習を取り入れる
・板書の字、プリントの字を大きくする

・口で注意しても通じないときには、絵に描いて、段階的に説明し、チェックする
・複数の教師で授業をする
・少人数指導をする
・教科担任制にする
・思いっきり遊ぶ時間をつくる
・「肯定のわたしメッセージ」をたくさん伝える
・個人面接の時間、場所をつくる
・掃除道具を当番の人数分そろえる
・昼寝の時間を確保する

(2) 広げる

・体育館や校庭で授業をする
・図書館を利用する
・校外見学に行く
・学校外の人材や教材を利用する
・縦割り授業で上級生が下級生の世話をしたり、教えたりする

・助手や非常勤講師を付けて、グループ毎に指導する
・時間の枠を外す
・二学期制にする

(3) 取り除く

刺激は多すぎても落ち着かないでしょう。場合によっては、環境から取り除くことで集中することができます。

・必要なもの以外は片付ける
・宿題を減らす
・机やいすを廊下に出して、床に座って授業をする
・部屋を暗くする
・「おしゃべりをしない時間」をもうける
・視聴覚機器にイヤホーンをつける
・大声で怒鳴らない

(4) 規制する

ふつうの教室は規制が多すぎて窮屈になっているかもしれません。必要で適切な規制は何なのでしょうか。教師と生徒が話し合って納得すれば、生徒は自分から守ろうとするでしょう。

・騒げる場所を一カ所だけにする
・生徒の特別な活動には、場所を指定する
・話し合いの場所・時間をもうける
・よくおしゃべりする生徒どうしの席は並べない
・注意が散漫になりやすい子の席を入り口や、窓際にしない
・こだわりの強い子の席や、靴箱、ロッカーをその子占有とする
・禁止語「ダメでしょ」「やめなさい」などを使わない
・失敗しても嘲笑しない

(5) 調整し直す

机の配置、教材の置き方・選び方などがまずいために問題を起こしていることもあります。見直してみることも必要です。

・生徒一人ひとりにあった指導案、教材が与えられているか見直す

・机の配置を考える
・教材を目的別にまとめる
・使わない教材は片付ける
・ごみ箱を増やす（減らす）
・実験に使う試薬などは班毎に箱に入れ、そのまま収納する
・よく利用する収納庫は、出入り口近くに置かない

(6) 簡素化する

学校や教室環境は、複雑すぎると十分活かして使えないことも起こります。
・規則を再検討し、なるべく簡単にする
・規則や方針は生徒の見やすいところに掲示する
・教材、備品、本などを、生徒が利用しやすいように整理する
・引き出しや収納庫に、ラベルを貼る
・指示は、一つずつ出す

(7) 組織化する

組織化すると、混乱や二度手間を防げます。
・生徒各自に、決まった仕事を割り当てる
・掃除当番の仕事など、誰が何をどのようにすればよいのかマニュアル化し書きだす
・宿題の「提出箱」と「返却箱」を作る
・「相談カード」などを作り、書く時間を決めて、何でも教師に話せるようにする

(8) 計画する

問題を先取りし、事前に計画を立てることもできます。
・年度初めにクラスの目標やルールを決める
・学習スケジュール、授業プランを作る
・しなければならないことを生徒と確認し、段階的に書きだして、見えるところに貼る
・クラスの行事を考える
・学級経営、学校行事の見直しをする

（事例）ＡＤＨＤ（注意欠陥多動症＝多動症）の生徒Ａ（男子・小学生）のために「段ボール部屋」を作る

落ち着かない、周りの子にも危害を加えるような「多動症児（生徒A）」にも、今まで以上に勉強してほしいと思った教師Tは、生徒Aが「一人っきりになりたい」「一対一で話したい」と思ったとき、その欲求を満たせるよう、環境改善を実行しました。

使用済みの段ボール箱を手に入れて、クラスの他の子どもたちと一緒に教室の中に部屋を作りました。この作業は算数や理科の授業になりました。出来上がった部屋は、美術の作品になりました。

そして、その部屋は、生徒Aの感情をコントロールするための隠れ家、孤独を楽しめる静かな場所、生徒Aと教師Tが一対一の関係で話せる場所として利用できました。「段ボール部屋」を利用するためのルールも、クラス全員一致で簡単に作られました。

1. A君は、他の人に危害を加えない。
2. A君は、感情が抑えられないときはそこに入る。みんなは、それを見守る。

3．A君が中にいるときは、生徒Aの許可がなければ、他の人は入れない。

潜在的に「問題を起こす」恐れのある生徒Aでしたが、数週間で問題・対立は激減しました。

生徒どうしで面倒を見るようになり、学力テストの結果も目覚ましいものになりました。

生徒Aのために、クラス全員で段ボール部屋を作ったということは、生徒Aがみんなに受け入れられたということです。生徒達にとって安心していられる教室環境ができたのです。それと同時に、段ボールの部屋という生徒Aの安心できる場所が確保できたのです。「安心できる」関係、「安心できる」場所ができて、生徒Aは気持ちが安定し、学習に集中できるようになったのです。教育の目指すところです。

「多動症」の子どもに対して、このように環境を整えることは重要なことです。しかしこのことは、他の子どもにも、その子どもにあった学習環境を工夫することが必要だということを示唆しています。

例えば、「勉強ができない」というような生徒に対しても、「ダメな生徒」「イヤな生徒」と、決めつけるのではなく、その生徒の性格・行動を理解し、その生徒が取り組める教材を探す、あるいは工夫することが、大事な学習環境の改善となります。その生徒の持てるものをできるところから伸ばす、そんなきめ細かな配慮が必要です。

〈事例〉〈二人だけの時間〉をもうける　〈中学校〉

今まで生徒と個人的に話をするといっても、成績のことぐらいでした。でも、教師学を学んで、もっと生徒との人間関係を良くしたいと思い、生徒一人ひとりと私の〈二人の時間〉をつくりました。

初めは放課後、五分間。教室の隅に横に並んで話をすることにしました。説教、評価などしないという約束をして。

最初は生徒達も照れて「何も話すことなんかない」と言う生徒もいましたが、「何も話すことなくてもいいから、この五分間はあなたと私の時間よ。二人で黙って座っていてもいいじゃない」と言って一緒に五分間を過ごしました。何も話さなかった子にも「また、こんな時間をつくるから、その時は何でもいいから話してね」と言っておきました。

そのうち生徒のほうから、「二人だけの時間はまだ？」と催促されるようになりました。クラスのワルも、そのときは神妙にポツリ、ポツリといろんな話をするようになりました。

ある時、生徒指導の先生もてこずるような生徒が、ポケットの中から「もうやめるけん、先生にやる」と自分からタバコを出しました。びっくりしましたが、嬉しかったです。

その後、学校中を探して、物置のようになっていた部屋を見つけ、校長の許可を貰い、そこを片付け〈二人だけの時間〉を確保する場所もつくりました。

その後、授業はとてもやりやすくなりました。

そのうち、学校全体でそのような時間をつくることになりました。学校がとても落ち着いてきて、問題行動もほとんど無くなったのです。とても嬉しく思います。

ふだん問題がないときに、教師と生徒の良い人間関係をつくっておくことも大事です。その個人的な良い関係が、教室の雰囲気を和やかにし、落ち着いて学習できる環境になるのです。授業もやりやすくなるでしょうし、生徒も、授業がわからなくても気軽に聞ける、悩みがあっても話せると思うだけで安心して学習に身が入るでしょう。いわゆる問題行動といわれることも少なくなるでしょう。そうなると、その問題を処理する時間も必要がなくなり、教室本来の学習の時間が増えてくるのです。

個人面談の時間をつくる工夫も環境改善です。どうにかしてその時間を捻出することで、関係もよくなりゆとりも生まれてくるのですから。

「環境改善」の具体的なやり方は、あらゆるところで活用できます。「ブレーンストーミング」「環境改善　八つのポイント」など、大きな力を発揮できます。きっと生き生きとした学習環境が生まれることでしょう。

生徒にとっての環境という観点からすると、教師は、大きな環境要因といえます。自分がどんな教師でいるかは、生徒の学習環境を左右するともいえましょう。教師の考え方・行動を変えることで、学習環境は大いに変わる可能性があります。教師学は、教師であるあなたを援助することで、生徒の学習環境を変えていくものであるともいえるかもしれません。

教師学の方法を使った事例集

能動的な聞き方を使った事例

「自分は班長らしくないと思ってるんだ」

小学校教諭

相手　生徒N（男子・七歳）

N　「僕ね、三学期班長に立候補したいと思うんだけど、姿勢も悪いし、みんなに迷惑かけてばっかりだから、やっぱりだめかな。やめよう。やめたほうがいいのかな…」

教師「N君はみんなに迷惑をかけていると思っているから、班長もみんなに認められないと思っているんだね」（能動的な聞き方）

N　「だってさあ、僕、二学期みんなに注意されてばっかりいたから班長らしくないもんね…」

教師「自分は班長らしくないと思ってるんだ」（能動的な聞き方）

N　「うん。でも僕、班長をやってみたいとは思うんだ。三学期はみんなに迷惑をかけないこととか、話を姿勢よく聞くようにするって目当てをつくったから、頑張ろうっていう気持ちがたくさんあるんだけど…」

教師「すごいねN君。自分に目当てを立てて頑張ろうとすごく思っているんだね。先生も応援するよ」

N「本当？　班長もやれるかな。先生どう思う？」

教師「N君とってもやる気になっているからうれしいよ（肯定のわたしメッセージ）。N君が本当に班長をやりたいっていう気持ちがたくさんあるんなら、頑張って立候補してみたらどうかな」

N「うん。立候補してみる」

感想　N君は初めて班長に立候補した。皆一瞬「えっ？」というような表情をしたが、すかさず私が「N君がどうして立候補したのか、よく聞いてごらん」と言って、N君が自分の思いを述べたら、皆が「N君頑張れ」と励ました。N君は班長となり、今頑張っている。以前より姿勢もよくなり、ちょっぴり班長らしくなった。

「そう。体操服を忘れたん」
「見学したいんだね」

小学校教諭

相手　生徒Y（男子・一二歳）

状況　Y君は体育が苦手。少々肥満ぎみで特に器械体操を嫌う。今日は縄跳びと跳び箱の予定だったが、体操服を忘れたことを理由に「見学したい」と言ってきた。ロッカーの中に体操服はあるのに。

Y　「先生、体操服忘れた」
教師「そう。体操服忘れたん」（能動的な聞き方）
Y　「見学してもええ？」
教師「見学したいんだね」（能動的な聞き方）
Y　「うん。今日縄跳びするじゃろ？」
教師「そう。縄跳びするよ」
Y　「一人ひとり発表するのもあるん？　あれいやなんよ。皆で大縄するのはいいけど」
教師「一人跳びはいやなんやね。大縄だったらいいけど」（能動的な聞き方）

Y　「二重跳びなんか俺できんもん。でも大縄やるんなら、じゃあちょっとやってみようかな」

教師「二重跳びができるようになったらいいなと思っているんだね。ちょっとはやってみる気になったんだね」（能動的な聞き方）

Y　「まあ、やらんかったら、うもうならんしね」

教師「そう。やらんかったらうまくならんからね」（能動的な聞き方）

Y　（忘れたはずの体操服を着て縄跳びの輪に入っていた）

感想　都合の悪いときは何かと理由をつけて逃れようとするY君に、これまでだったら「体操服忘れたんなら上着だけ脱いでやりなさい」のひと言で無理矢理やらせていた。その結果は当然ふてくされた態度でいい加減にやり、後味の悪いものであった。今回は「能動的な聞き方」に徹してみると、反抗的な態度にならず、自分の意思で動いていき、かつ私との人間関係もスムーズにいった。

「いろいろ学校のことを考えてしまうのね」

中学校教諭

相手 生徒A（女子・一五歳）

状況 以前から友人関係で悩んでおり、「死にたい」と言ったこともある。母親と二人暮らしで、学校のことはほとんど母親に話しているようだが都合よく伝えているともあり、母親は子どもが学校でいじめられていると思っている。本人はクラスメートが自分を避けているような気がして学校へもあまり来たがらない。

A「寝る前に学校のことを考えると眠れなくなるんです」

教師「いろいろ学校のことを考えてしまうのね（能動的な聞き方）。どんなことがあるのかな」

A「理科の時間とか席を替わるんですよ。最近は先生が注意してくれたからないんですけど……。三人ってよくないですよね」

教師「ああ、理科の時間に三人の席とかなるのね（能動的な聞き方）。えーと前から二人二人……ってなっていくと最後は◇◇君と△△さんとあなたの三人だね」

A「ああ、そうですね。二人ずつなんだ……。そうですよね、二人ずつになるんだったら、最後が三人になってもしかたないですよね。ああそうか……」
教師「他にも気になることがあるのね」
A「はい。体育の時間に○○さんと▽▽さんが一緒にやろうって誘ってくれるんですけど、卓球って三人ではできないですよね。だから一人は点付けするんです」
教師「○○さんと▽▽さんが一緒にやろうって言ってくれて三人でやってるのね」(能動的な聞き方)
A「はい。でもその後『卓球って二人でやるんやない』って言ってたんですよ」
教師「ああ、誘ってくれたけど、『二人でやるんやない』って言ったから、それが気になっているのね」(能動的な聞き方)
A「はい……。でも、明日は○○さんが受験でいないから、私が行かないと▽▽さんが一人になりますよね」
教師「あっ、そうだね。○○さんは明日は受験でいなかったね」
A「あーなんか学校行く元気が出てきた」

感想
途中で「それはあなたの思いすごしよ」と言いたいことが何度もあったが、ぐっとその気持ちを抑えた。Aさんは一つひとつ自分の言葉を確認しているように見えた。少しずつ顔が明るくなって、会話も弾んだような気がする。「元気が出てきた」

と言ったことが嬉しかった。

「暴力を振るってしまって落ち込んだんだね」

中学校教諭

相手 生徒M（女子・一六歳）

状況 暴力行為で停学になり、その事後指導として教師との面談が組まれていた。クラスでは孤立状態にあり、居場所がなく保健室によく通っていた。

教師「ところで、クラスはどうだい」

M「私の悪口を言っているのが聞こえてきて、今度席替えがあるからその結果がとても不安だし」

教師「クラスにあまりいたくないんだね。席替えが不安なんだね」

M「そうなんです。私はいちばん後ろの端ならいいんだけど、くじ引きだから…。担任の先生は私の気持ちをわかってくれないから、そこがいいって言っても聞いてくれないし」

教師「担任の先生は自分の気持ちをわかってくれないと思っているんだね」

M「そうなんです。私はこのまま放っておいてくれたほうが、対立している人たちとうまくできると思うのに、担任の先生は私のいないところで皆に『仲良くやってくれよ』と言った……」

教師「先生が勝手に、自分の気持ちを確かめることもしないで、皆に言ったのが気にくわなかったんだね」

M「そうなの、先生方は私の気持ちなんかわかろうともしないで、こういうときはこうするって感じでやるから嫌なの。自分が余される（ひとりだけ外される）立場に立ったことがないから、きっとわからないのよ。なのにわかったように言うの」

教師「Mさんのことなんにもわかっていないのに、いろいろ言われるのがいやなんだね」

M「そうなの。でもね、先生と教頭先生と教育相談の先生は、ちゃんと私の話を聞いてくれるし、私の立場もわかってくれているよ。担任の先生や学年の先生は全然ダメ。それとね、うちのお母さんはもっとひどいよ。毎日私のことを殴るんだ。だから、お母さんがガン検査で引っかかったとき、弟と『母さん、手術失敗して死ねばいいのに』って言ってたんだよ」

教師「ちゃんと話のわかってくれる先生もいたんだね。お母さんはひどい人だと思っているんだね」

M「そうよ。人前ではいいふりしてるけど、陰に回ったら毎日髪の毛引っ張って倒されたりひどいのよ。私はそれで、人に暴力を振るうなんて最低と思ってるの」

教師「お母さんの暴力がひどくて、暴力が最低のことだと思ってるんだね」

M「そうなの。暴力を振るうのは最低の人間とわかっている私が、A君に暴力を振るってしまって……。私も最低の人間なの」

教師「暴力が悪いってわかっているのに、人に暴力を振るってしまって落ち込んだんだね」

M「そう。だからすごく悪いなあと思って反省したの。でもお母さんが暴力を振るう気持ちも少しわかったわ」

教師「悪いとわかっている暴力を振るってしまったから、本当に反省したんだね。でも相手に裏切られて暴力を振るいたくなる気持ちはわかったんだね」

M「そう。でもお母さんはひどすぎるから許せない。絶対高校卒業してすぐ家を出ることに決めてるの」

教師「早く家を出たいんだね」

M「うん。だから頑張って高校卒業するよ。今度友達連れて先生のところに相談に行ってもいい？」

教師「ああいいよ。いつでも来て下さい」

感想　相手の思っていることを推し量ってその通り応えるだけで、Mさんのクラスでの孤立とともに併せ持っている不満がよくわかりました。努力して「能動的な聞き方」だけで聞いてみました。たいへんでしたが、「能動的な聞き方」のすごさを実感した一幕でした。

わたしメッセージを使った事例

「お掃除ができなくて、困っちゃうんだ」

保育士

相手 児童K（男子・五歳）

状況 保育参観の後、隣室のホールで担任と保護者の懇談会が行われている。園児たちは給食中だが、K君は廊下に出たり部屋に戻ったりして、食事も半分食べただけで落ち着かない。他の園児たちは食べ終わり、食器を片付けて遊び始めていたが、K君は箸を床に落としたまま廊下に出てきた。

保育士「Kちゃんが床に箸を置いとくと、お掃除ができなくて困っちゃうんだ」（対決のわたしメッセージ）

K　（お母さんのいるホールをのぞいていて、返事がない）

保育士「Kちゃんが床に箸を置いとくと、お掃除ができなくて困っちゃうんだ」（対決

のわたしメッセージ）
K　（保育士の顔を見たが返事はなし）
保育士「Kちゃんはお母さんが気になるの」（能動的な聞き方）
（「対決のわたしメッセージ」を使い自分を表現したことで、気持ちに余裕ができ、相手の気持ちや状態にも目が向いた。）
K　「うん」
保育士「ああそうか、お母さんのところにいたいんだね」（能動的な聞き方）
K　（保育室に戻り、五、六分後に箸を床から拾って片付けていた）
保育士「Kちゃん、ありがとう。先生、お掃除ができるから助かるわ」
（相手が行動を変えたことへの肯定的な気持ちも率直に伝えると、お互いの関係を深めることができる。）

感想　お母さんへの想いが強い子なので、その気持ちをくんで受けとめただけだったが、気持ちが落ち着いたのか箸を片付けることができた。

「採点しにくくって困るわ」

小学校教諭

相手 生徒Y（男子・一一歳）

状況 Y君は教室で分数計算のトレーニング中で、できたプリントを教師のところに持って来た。

教師「Y君がはっきり数字を書かないから、採点しにくくって困るわ」（対決のわたしメッセージ）

Y「書くところ狭いもん、うまく書かれへん」

教師「狭すぎて、うまく書かれへん、思てるのやね」（能動的な聞き方）

（「対決のわたしメッセージ」に相手が反発や抵抗をしてきたので、「能動的な聞き方」に切りかえて、相手の言い分を受けとめた。）

Y「うん。そうや」

教師「でも、はっきり書かないと、何て書いてあるんか迷っちゃって、先生困るわ」（対決のわたしメッセージ）

（相手の気持ちの高ぶりが鎮まったので、もう一度「対決のわたしメッセージ」を言った。）

Y　（プリントを見ている）

教師「答えを書くところが、問題の数字の大きさに合わせて作ってあるんよね。Y君のと比べたら、どうかな？」

Y「そら、僕のほうが大きいよ」

教師「Y君のほうが大きいのね」

Y　（じっとプリントを見つめて）「問題の字みたいに書かれへんけど、もうちょっと小さい字で書いてみようっと」

感想　以前の私なら、「もっとていねいに書かんとだめね」とか「はっきり書きなさい」と言っていた。ところが、「わたしメッセージ」を使って自分の本当の気持ちを言ってみると、私自身も気分的に落ち着いて、生徒が自分の考えをまとめるまで待つことができた。

「クラブ遅くまでやってたら、気がかりやわ」

中学校教諭

相手 生徒O（男子・一五歳）

状況 中学三年生は模擬テスト前日なので、クラブの練習をいつもより少なくして早く帰した。しかし、O君は戻ってきて練習を始めようとした。以前、彼の兄の担任だったので、母親をよく知っている。

教師「どうしたん、戻ってきて。勉強せなあかんで、はよ終わったのに」

O「ええ、ちょっと一〇〇メートルでもビシッと走ろうと思って」

教師「でも試験前やから、クラブ遅くまでやってたら、あんたのお母さんに何ではよ帰さんのって私が思われるんやないかと、気がかりやわ」（対決のわたしメッセージ）

O「そんなこと思うはずありませんよ。家に帰ったら、みんなで団欒してるんですよ。僕が勉強せなあかんていうのに、みんな集まって……。なんかすんなって感じで……。やる気にならんから、そうやって家におってもあかんと思って来たんですよ」

（教師が感じている自分の気持ちを率直に話したことで、相手も心を開いて率直な気持ちを話しやすくなったようだ。)

教師「だらだらしとっても、あかんと思ったんやね」(能動的な聞き方)
(相手が問題を抱えているのがわかったので、「能動的な聞き方」で気持ちを受けとめた。)

O「そうですよ。やる気にならんし、そのままおったら、ずるずる全然せんと終わってしまいそうやし。そんなら、ちょっと一〇〇メートルでもビシッと走って、気分を変えようと思って……」

感想

その後で、O君はパイロットになる方法を調べているがどのような方法が良いか、高専卒業後に大学に編入できるかどうかなどを尋ねてきた。下校するときに「ガンガンとは言えませんが、ちょっとは勉強する気になりましたよ」と言って帰っていった。こちらの率直な感情を表現したことによって、生徒も気持ちを素直に話してくれたと思った。頭ごなしに「何言うとんの!」式で怒って帰していたら、彼は余計にイライラして帰ったのではないかと思われる。

「卒業できないんじゃないかと心配よ」

高等学校教諭

相手 生徒M（女子・一八歳）

状況 両親の離婚後、Mさんは母親と一緒にマンションに住んでいたが、最近、一人暮らしをしているのがわかった。四月から欠席がちで、放課後の行動も気になっている。

M「先生、呼ばれたから来ました。何か用事ですか？」

教師「最近Mさん、学校をよく休んでいるでしょう。このまんまじゃ卒業できないんじゃないかと思って、心配しているんだけど」（価値観に影響を与えるわたしメッセージ）

M「ええ、もう大丈夫です」

教師「心配するほどのことじゃないんだね」（能動的な聞き方）

M「えー、まあ」

教師「それと、一人で下宿してるって聞いたから、高三で受験前だし、ご飯作ったり洗濯したりでしんどくなって、学校へ来られないのかと心配していたのよ」（価値観に影響を与えるわたしメッセージ）

Ｍ「えー、朝が起きられなかったんです。でも、来月からは親と一緒に住むから大丈夫です。学校へくるから」

教師「そう、それは良かったね。お母さんに面倒見てもらえるんなら、先生も安心だわ」

感想 問題が問題なので「能動的な聞き方」をするべきかと思ったが、「心配」という気持ちのほうが強かったので「わたしメッセージ」を言ったところ、Ｍさんも素直に話してくれて、家庭の状況もわかり、良かった。

「特別扱いはできないから、困るんです」

高等学校教頭

相手 教諭Ｔ（男性・四八歳）

状況 一限目が体育の場合、移動先で朝のＨＲをすることになっているが、Ｔ先生は授業に遅れなければかまわないと教室でＨＲをするので、何度か注意をした。

教頭「一限目の移動は八時三〇分までなのに、先生のクラスの生徒が八時三九分に玄関を最終通過するので、他のクラスのＨＲの妨げになるし、私の立場上あるクラス

だけ特別扱いするわけにはいかないので、困るんですよ」（対決のわたしメッセージ）

T　「でも、うちのクラスは朝から補習があるんですよ。授業に遅れるわけじゃないんだから、例外を認めてくれたっていいじゃないですか」

教頭「先生のクラスは特別扱いをしてほしいとおっしゃるんですね」（能動的な聞き方）（相手から反発や抵抗が返ってきたので、「能動的な聞き方」に切りかえて相手の言い分を聞いた。）

T　「規則は何のためにあるんですか」

教頭「規則が現状に合っていないと考えているんですね（能動的な聞き方）。でも、無理なクラスは他にもありますが、みんな協力して、努力してくれているから、朝一時間目が定刻に始められて、スムーズにいってると思うんですよ」

T　「わかりました。でも、クラスの立場も考えてほしいんです」

教頭「教務と相談しておきましょう」

感想　T先生も私の要望を聞き入れて、一限目は移動先でHRをすることになった。私も、補習の先生に少し早めに終わらすよう、また、教務へ時間割の変更を申し出ておいた。（「環境改善」も試みた）

第三法（勝負なし法）を使った事例

「子どもどうしの対立を解決する方法」

小学校養護教諭

相手　生徒A（男子・一〇歳）、生徒B（男子・一〇歳）

状況　小学校の昼休み、泣きじゃくるAを担任Kが保健室に連れてきた。

私「どうしたの！　A君」
A「何もしないのにB君が…」
私「まあ、ひどい引っかき傷ね。何もしないのに引っかかれたのね」
K「ケンカしたんです」
私「それにしてもこの傷は。爪がのびてたのかな。K先生、B君を連れてきて下さい」
　そのあいだに傷の消毒をした。まもなく担任がBを連れてきた。
K「B君もけがをしています」

私「見せてごらん」
　Bの爪はきちんと切られていたが、袖をまくると腕に歯形がついていた。
　二人の傷から、ケンカのようすが伝わってくる。
私「どうしてこんなになったのかはじめから話して。先生は本当のことが知りたいの。
　K先生もここにいて一緒に聞いて下さいね」
A「何もしないのにB君が飛びかかってきた」
私「何もしないのに引っかいたのね」
B「悪口言ったよ。僕だって噛まれたよ」
私「そうか、悪口言われたから引っかいたんだ。A君、何もしなかったけれど、悪口は
　言ったの？」
A「悪口じゃないよ。あだ名言っただけ」
私「あだ名を言ったのね。それをB君はイヤだったんだ」
B「いつも言われる」
私「あだ名を言われるのがイヤなんだ」
A「僕だって、いつもあだ名を言われるよ」
　二人はけがの訴えのときとは違って、涙を浮かべて話し、とてもくやしそうだった。

私「自分の名前があるのに、あだ名で呼ばれるのってイヤなのね。あだ名もいろいろあるけど何て言われるの？」
　二人は言いにくそうにしている。
私「言いたくないのね。小さい声で先生にだったら言える？」
　二人はそれぞれ私の耳元でささやいた。
私「A君のあだ名は、先生、可愛いと思うけど、イヤなのね」
A「うん。僕はイヤ」
私「あだ名からケンカになってしまって、どうしようか？　傷は手当てしたから良くなると思うんだけど、心の傷につけるお薬は保健室にないの」
A「次からあだ名言わないようにするといい」
B「僕も言わないようにする」
私「でも、言ってしまったら？　またケンカになるよ」
B「そのときは、やめてって言うか、それでもダメだったら先生に言うよ」
　私も担任も催促しないのに、二人は「ごめんなさい」と、お互いに謝って、一緒に帰っていった。
K「ありがとうございました。あんなにケンカした二人が落ち着いたのでびっくりしました」

私「少しは考えるかもしれないけど、また、同じようなことが起こってくるかもしれませんよ。そのときは、やったことを責めるのではなくて、そのときの生徒の気持ちを聞き、どうすればよいかを生徒が考えることができるよう援助することが大事だと思うんですよ」

しばらくたって、担任が「今のところたいへん落ち着いています」とようすを知らせてきた。

感想

生徒どうしの間で問題が起きたとき、指示や指導ではなく、教師学で薦める「対立の解決を援助する方法」で対応するよう心がけている。「能動的な聞き方」や「わたしメッセージ」でかかわっていくことにより、生徒が自分の行動をふり返り主体的に考えるように育つための援助ができると思うが、手応えを感じた「事件」だった。

「『教師学』を柱に、五年と六年の担任を」

小学校教諭

子どもたちのようす

男女半々で三九名の五年生のクラスは、たいへんエネルギーのある感じでした。女子はグループを組んで、交換日記などグループの結束を固めます。

男子は反抗的な態度をとることがかっこいいという雰囲気で、「むかつく」「聞いてないね」「うるさい」などの言葉が飛び交い、相手の話を聞こうとしません。

目立つ子や人のために何かしようとする子を冷やかしたり、「靴隠し」や靴の中に押しピンを入れるいじめが時々起こります。三年から不登校の子がひとり在籍していました。

はじめは、そうした子どもたちの態度を受け入れられませんでしたが、よく見ると、目をパチパチするチック症ぎみの子や、不平ばかり言っている子、私と目を合わせない子も多く、何らかの欲求不満をそうしたサインとして表していると受けとめ、まず、子どもたちの自分づくり、心のケアの一環として、感じる心を育てることを課題としました。具体的な取り組みの柱は次の四つです。

取り組みの四本柱

一、肯定のわたしメッセージを出し、本当の自分の気持ちに気づかせる
二、子どもたちの話を聞く時間を十分とる（能動的に聞くことで、自分の気持ちを整理できるようにする）
三、私が感動した本の読み聞かせをする（想像しながら感じる心を育てる）
四、集会活動を子どもたちにまかせる（自分から動くことで自分の力を確認し自己表現する機会をふやす）

わたしメッセージ

まず、「わたしメッセージ」の出し方を子どもたちに教えるとともに、感情を表現する言葉にどんなものがあるかを一緒に考えました。

そうすると肯定的な感情表現は「嬉しい」「心地よい」「ホッとする」など二四種、否

定的な感情表現は「悲しい」「がっかりする」「うんざりする」など二五種出てきました。

「こんなにいろいろな感情表現の言葉があるのに使わないのはもったいないよ」と子どもたちに働きかけ、特に肯定のわたしメッセージを出すよう促すと共に、私からも子どもたちに肯定のわたしメッセージをドンドン出すようにしました。

子どもの誕生日には学級通信で特集号を作り、私からの肯定のメッセージや家族からのメッセージを載せます。

子どもの話を聞く　―能動的な聞き方―

子どもたちの話を聞くときは一対一で話すようにしました。

能動的な聞き方で聞いていくと、子どもたちは、兄弟姉妹のこと、父母のこと、友達関係、教師に対する不満、習い事の事などを話し、話すだけですっきりして帰っていく子どももいました。

本の読み聞かせ

読み聞かせタイムを毎日五分から一〇分とりました。

最初は強制していましたが、一年続けていると「本読んで」と催促してくるようになりました。選んだ本は、『窓ぎわのトットちゃん』『ぼくがぼくであること』『ビーバーのしるし』『夏の庭　ザ・フレンズ』などです。

子どもたちが運営する集会活動

集会活動としては、将棋大会、ワンバウンドバレー大会、クッキング大会、怪談話大会、お掃除大会、屋台式料理大会、オリエンテーリング大会、卓球大会、手打ち野球大会、平和集会、文化祭などに取り組みました。

はじめはリーダーになることを避けたり、まとまって行動することに反対する子がいましたが、子どもたちに計画・準備・話し合いも自主的にやっていいこと、その時間はすべてまかせることを告げると、張り切ってやり出す子がふえました。

回を重ねるごとに手際もよくなり、子どもたちの協力の姿勢が強くなっていきました。

勝負なし法で話し合い　―歌声大作戦―

このクラスを持ち上がった六年のときですが、もっと「歌を楽しむクラス」になってほしいという五年のときからの思いを子どもたちにぶつけて、子どもたちと勝負なし法で話し合いをしました。

第一段階・問題をはっきりさせる

教師は歌えるクラスをつくりたい、また、子どもたちに心から歌を楽しんでほしいと思っています。

子どもたちは歌うこと自体はそう嫌いではないけれど、何か歌えなくする状況があるので、それを探って気持ちよく歌ってみたいと思っています。

第二段階・解決策を出し合う

次の表のような二二の解決策が出されました。

第三段階・解決策を評価する

それぞれについて○×をつけていきました（表の右側）。児童のほうは、今回は過半数で○×を決めました。

実行の見直し　勝負なし法による話し合いで出た解決策とその評価

教師	児童		解決策	教師	児童
○	○	1	自分たちが曲を選ぶ	○	○
―	―	2	ちゃかしたり笑う人を逆に笑ってやる	×	×
―	―	3	口だけぱくぱくの人を指摘し歌わせる	×	○
○	○	4	お互いに勘ぐり合いをしない	○	○
△	△	5	思い切り歌う人を増やす	○	○
△	○	6	歌っている人を冷やかさない	○	○
○	○	7	歌っている人をじろじろ見ない	○	○
―	―	8	歌っていない人を怒りまくる	×	×
△	?	9	いろんなタイプの歌を選ぶ	○	○
×	?	10	並び方を工夫する（歌う人のそばがいい）	○	○
△	○	11	人の目を気にしなくてもいいクラスにする	○	○
―	―	12	核になる推進委員を男女３名決める	○	×
○	○	13	平素から声を出して明るいクラスにする	○	○
×	△	14	先生は悩まず、歌え歌えと言わない	○	○
―	―	15	帰りにかけ声をかけて元気を出す	×	×
―	―	16	変声期の人を確認し考慮する	○	×
―	―	17	先生も音楽を一緒にやる	×	×
×	△	18	ぺちゃくちゃしゃべらない	○	○
○	○	19	朝１曲、帰り１曲にする	○	○
○	○	20	真面目にやらなかったらやり直しする	○	○
―	―	21	歌わない人は特訓する	×	×
△	△	22	口を大きく開ける	○	○

第四段階・解決策を決定する

教師も児童の側も○をつけた一四項目を実行策として決定し、紙に書き出しました。

第五段階・実行の段取りを決める

できることはその日から実行することにしました。

第六段階・実行具合を見直す

三週間後、決めたことの実行がどうなっているか、「○…努力している」「△…まあまあ」「×…していない」の三段階評価を教師と子どもたちで行いました（表の左側）。

教師は八つ、児童は六つの項目に×や△や？　がつきましたので、今後どうしていったらいいか、自由に児童の意見を書いてもらいました。

こうして勝負なし法による話し合いをやってから、音楽の先生もびっくりするくらい子どもたちは声を出すようになりました。いい顔をして、いい声で歌っています。「夢の世界」の歌を聴いたときは涙が出そうになりました。それまで、歌わせよう、歌わせようと必死でしたので、肩の荷が下りたような感じで、嬉しかったのです。

この話し合いで、子どもたちもなにか吹っ切れたような、わだかまりがなくなったような感じがありました。また、今回の勝負なし法の話し合いそのものも子どもたちには好評のようでした。

「こうやって、みんなで意見を聞いてやったら、とても歌う気になる。曲も選べる」「けっこうみんなの意見がよく出てとてもよかった。次からもこれで行きたい」「今度こそ何とかなりそうな気がした。第三法を決めるときのみんなの顔がよかった」「楽しかった。歌うぞ」「先生が僕らの意見を通してくれたのがけっこうよかった」「みんなで決めたものはみんなで守っていきたい」というような、肯定的で積極的な感想がたくさん出たからです。

取り組みをふり返って

四つの取り組みを柱として学級づくりを進めた結果、子どもたちは少しずつ心を開いてきました。

感情表現の言葉を考えたり、それを表現する方法として肯定のわたしメッセージにのせたりすると、物事を肯定的にとる子がふえました。

「むかつく」「いかった」などの言葉を発することがなくなり、本当の自分の感情を探ろうとするようになりました。

「悲しかった」「むなしかった」という否定的な感情の表現を入れても、本心から出る言葉は相手の心に響いたようです。

一対一の対話にも少しずつ慣れ、目が合わなかった子どもたちも顔を上げて話すようになってきました。

聞く姿勢で臨むと子どもはドンドン素直になって感情を出してきます。押さえつけるような態度で臨むと、子どもはすぐに引っ込んでしまいます。まずは、相手の話を聞き切るということが大切だと思いました。

読み聞かせは楽しみなようで、「読んで読んで」と催促してきますし、終わったら「次はどんな本かなあ」と期待しています。

自分から進んで本を読む子どもがふえました。感情をゆさぶったり育てたりするのに、本は有効だと思います。

これからも自分の心で感じることを大切にし、感情は自分のものであることを実感してほしいと思います。実感できれば、人それぞれ感じる心は違うということ、違っていいのだということもわかるでしょう。

自分の感じ方を大切にし、また相手の感じ方も認められれば「自分も大切、友達も大切」の心が育っていくと思うのです。

あとがき

本書は、教育現場で悩み、疑問を感じていた私自身が、多くの気づきをもらい、救われ、また、教師学インストラクターとして多くの教師の方々にお伝えしてきた、トマス・ゴードン博士の「Teacher Effectiveness Training（ＴＥＴ）」（「教師学講座」）の考え方、方法を多くの方に知っていただきたいという思いから生まれました。

一人でも多くの方が、この本を手にして、以前より少しでも「教えることが楽しい！」「やりがいを感じる」と思われることがあれば幸せです。

私は、高校の化学の教師をしていました。真面目で、一生懸命やるタイプです。生徒は授業を真剣に聞いてあたりまえ。眠ったり、おしゃべりすることは許せないと思い込み、一生懸命なるがゆえに、ぼんやりしている生徒が歯がゆかったり、寝ている生徒を揺すり起こしてまわり、「お金と時間を使って高校に来ているんでしょ。しっかりしなきゃ！」とカツを入れたりしていました。

私は、生徒のために、教えたい言って聞かせたいと思っているのに、生徒は私の言うことを聞かない。そのことにイライラして、大声で叫んでいたのです。

そんなときに出会ったのが、トマス・ゴードン博士の著書である『親業』（大和書房刊）でした。博士は「青少年の問題、青少年が社会にひきおこしている問題については、誰もが親を非難する。　……　略　……　親は非難されるが訓練は受けていない」と述べられ、「親業訓練講座」というプログラムを提供されています。

私は、三人の子の親でもありますが、これまでの私は、我が子にも生徒にも一方的にしつけをし、教えていました。そのことを悪いとは思わなかったのです。言うことを聞かないあなたが悪いと責め立てていたのです。『親業』の本を読み、私がよかれと思ってやっていることが、子どもや生徒をこんなにも傷つけ、やる気を失わせていたのかということを知り、愕然としました。

一九八二年「親業訓練一般講座」を受講し、ぜひ多くの人に広めたいと思い、翌年、親業訓練インストラクターの資格を取得しました。

教室にいる子どもの裏には親が見えます。親は二四時間親です。一生続く関係です。教師は、どんなに一生懸命その子と接しても、多くの場合、卒業すれば「はい、さようなら」

ということも可能です。親と教師の大きな違いはこれです。

しかし一方、教師の一言は子どもに大きな影響を与えます。したがってぜひ教師の方々にも、この考え方・方法を知って生徒の心に残る存在になってほしいと思いました。親業のプログラムそのままでも教室で使えるのですが、教師のためのプログラムを待っていました。

一九八五年、親業訓練協会の当時理事長であった近藤千恵氏らが『Teacher Effectiveness Training（TET）』を翻訳された『教師学』が出版され、翌一九八六年、三重大学において日本で最初の「教師学講座」が行われました。私は飛びつくように参加し目を覚まされる思いでした。

ゴードン博士は、「教師と生徒の関係がうまくいっていれば、本当の教育はできる」と明言しています。講座を受けた私は納得しました。

「教師学」で私が救われた、もうひとつの大きな柱があります。それは、「教師という役割にとらわれず、もっと人間的、現実的な、誰でも実現できる教師像」が『教師学』の中に示されていたことです。

ゴードン博士は、「教師とはかくあるべきだというような教師像に縛られるのではなく、芝居や見せかけのやり方でなく、本物の人間として行動できるほうが、教師自身と生徒に対して誠実であり、しかも教室の中で規律を維持し、なおかつ教えることができる」と述べ、「ありのままの状態で行動できる、具体的で実践的な方法」を紹介しているのです。

こんな教師にならなれそうという希望が持てるし、このようなやり方だったら生徒との関係づくりもうまくいきそうと勇気が出てきます。ありのままの人間として、自分を素直に見つめ、そこから、どう行動するかを判断し、具体的に実践していく手だてがここにあるのです。

「親業訓練講座」「教師学講座」を受講して、私が受けた衝撃は、親と子でも、教師と生徒でも、その関係づくりに効果的な方法があるということです。しかも、このことはこれまで、誰からもどこでも習わなかったので、その対応を知らなかったことです。

教育はテクニック・方法ではないという人もいます。私もテクニックだけではダメだと思います。しかし、心があっても、それをどう実行するのかがわからずに苦しんでいる人が大勢いるのも確かです。特に、現代のような変化の激しい時代に、教育の根幹を見失わずに、しかも即行動に移していかなければならないときに、このゴードン・メソッドは貴重です。

「教師学講座」の中では、実際に言葉を口に出してみて、ロールプレイをしながら生徒との関係づくりの方法を身につけていきます。わかることとできることには相当ギャップがあるということにも気づかされましたし、生徒の立場になって言われてみる体験も貴重でした。本を読むことで、頭でわかった気になってしまうのですが、やってみなければわからないことがたくさんあります。体験学習、トレーニングの重要性を痛感したのです。そこで、私は教師学インストラクターの資格を取得し、教育にたずさわる仲間に、教師学講座で「教師と生徒の絆づくり」のコミュニケーションを伝える活動に入ったのです。

毎年、各地で講座が開かれていますが、多くの方が、教師学の理念に納得され、方法を手にし安心して現場に戻られる姿に感動し、喜びを感じています。

「もう学校を辞めたいと思っていたが、明日からもう一度やってみよう！」と前向きに現場に戻って行かれる姿に、力づけられてきました。「自分が苦しみを味わったから、子どもたちの苦しみも聞けるようになりました。今は教えるのが楽しくって、楽しくって」というような報告も頂き、私も励まされています。

教師学講座を指導するインストラクターの仲間は全国に存在し、教育に関心のある方々を対象に講演や講座を行う活動を続けてきました。本書ではその活動から生まれた数多くの事例を親業訓練協会が発行している「おやぎょう」「教師学ニュース」などから引用し、本質を変えない範囲で状況を変えてご紹介させていただきました。インストラクターの方々の地道な活動があるからこその実践的成果です。この活動に関わられた方々すべてに心よりの敬意をここに表します。

最後になりましたが、本書の執筆にあたり、このような機会を私に与えてくださった近藤千恵親業訓練協会顧問に心からお礼を申し上げます。執筆の途中、夫が病で逝去しました。なかなか集中できなかったり、筆が進まなかったりの私を、近藤顧問は根気強く、温かく支えてくださり、適切なご指導をくださったことにも厚く感謝いたしております。高木幹夫会長、中本時仁副会長をはじめとする協会本部の方々、本書を担当して下さった佐藤紀子さん、みくに出版の衣松史裕さんにもお礼を申し上げます。

皆さんに支えられて、やっと本書を世に出すことができました。ありがとうございました。

一人でも多くの方が教育の喜びをさらに味わわれますように。

土岐圭子

二〇〇六年八月

本書の内容に基づいた講座のご案内

●教師学基礎講座（全６時間）

「教師学手帖」を教科書に、教師と生徒の信頼関係をつくる方法と体験学習の６時間です。

●教師学一般講座（全28時間）

教師と生徒がお互いに尊重し合える関係をいかに作るか。
教える立場にあるすべての人に役立つプログラムです。

●教師学上級講座（全30時間）

自分は何を大切に思うか、自分の立つ場所を明らかにしながら、自己明確化をテーマに教師学の応用力を身につけていきます。

●教師学基礎講座・保育編（全６時間）

「保育手帖」を教科書に、幼児期の子どもとの関わり方を、６時間の体験学習で身につけます。

中学生・高校生対象のプログラム

ユース・コミュニケーション講座

●学校での対立解消のためのワークショップ（全15時間）

力を使わない対立解消方法、「聞く」「話す」の具体的なコミュニケーション方法の獲得と同時に、自分自身の感情に気づき、豊かな表現方法などを演習によって学びます。

《参考図書》

『教師学』
トマス・ゴードン著
奥沢良雄・市川千秋・近藤千恵訳
小学館

『「教師学」心の絆をつくる教育』＊
近藤千恵著　親業訓練協会

先生のための
『やさしい教師学による対応法』
近藤千恵監修　高野利雄著
ほんの森出版

『心とこころの保育』
近藤千恵著　ミネルヴァ書房

『親業』
トマス・ゴードン著
近藤千恵訳　大和書房

『子どもに愛が伝わっていますか』
近藤千恵著　三笠書房

『「親業」に学ぶ子どもとの接し方』
近藤千恵著　新紀元社

『親業ケースブック』
『幼児・園児編』『小学生編』
『中高生編』
近藤千恵監修　大和書房

『親業トレーニング』
近藤千恵監修　久保まゆみ著
駿河台出版社

『自分らしく生きるための人間関係講座』
リンダ・アダムス、エリナー・レンズ 著
近藤千恵・田中きよみ訳
大和書房

『医療・福祉のための「人間関係論」』
ー患者は対等なパートナーー
トマス・ゴードン著　近藤 千恵監訳
田渕保夫・田渕節子訳
丸善

『看護ふれあい学講座』
近藤千恵監修　中井喜美子著
照林社

『介護者のための人間関係講座』
近藤千恵著　あさま童風社

クリスチャンのための『親業ABC』
E・H・ゴールキィ著
近藤千恵・広田実訳　新教出版社

「ゴードン博士の人間関係をよくする本」
トマス・ゴードン著　近藤千恵訳
大和書房

『心を伝える21世紀のコミュニケーション』＊
近藤千恵監修　親業訓練協会

親業訓練ミニレクチャーシリーズ ＊
『教師学手帖』
『親子手帖』『保育手帖』
『ビジネスマンのための家庭手帖』
『看護手帖』『介護手帖』『自己表現手帖』
近藤千恵著・監修
（小冊子・親業訓練協会）

＊の図書は書店では取り扱っておりません。
親業訓練協会へお問い合わせ下さい。

<監修者・著者紹介>

近藤千恵（こんどう　ちえ）

親業訓練協会顧問。亜細亜大学教職課程講師。
トマス・ゴードン著『教師学』（小学館）の翻訳にかかわり、教師学講座を全国に広げる活動に従事。主な著書に『「教師学」心の絆をつくる教育』『教師学手帖』（共に親業訓練協会）、『心とこころの保育』（ミネルヴァ書房）、『子どもに愛が伝わっていますか』（三笠書房）、『「親業」に学ぶ子どもとの接し方』（新紀元社）、訳書に『親業』（大和書房）など多数。

土岐圭子（とき　けいこ）

1935年福岡市生まれ、福岡市在住。教師学インストラクター。他に「親業訓練」、「看護ふれあい学」、「自己実現のための人間関係講座」のインストラクター資格を取得し、講座、講演および執筆などでも幅広く活動。九州地区教師学研究会主宰。九州大学薬学部、同大学院修了。薬学博士。大学勤務を経て、私立および公立高校教諭、精華女子短大講師を歴任。『高校教育展望』（小学館）、『教育と医学』（慶應義塾大学出版会）などに教師学について執筆。

教師学入門

2006年8月10日　初版発行
2010年9月15日　第2刷発行

監修者	近藤千恵
著　者	土岐圭子
発行者	小林隼人
発行所	みくに出版 〒150-0021 東京都渋谷区恵比寿西2-3-14 TEL03(3770)6930　FAX03(3770)6931
印刷所	サンエー印刷

ISBN　978-4-8403-0268-5　C0037